RETO DEL VERSO ENDECASÍLABO

UNA EXPERIENCIA GENIAL

Libardo Ariel Blandón Londoño

Poemario didáctico

Editorial lulu.com
California USA
2020

RETO DEL VERSO ENDECASÍLABO

UNA EXPERIENCIA GENIAL

Libardo Ariel Blandón Londoño

Poemario didáctico

Editorial lulu.com
California USA
2020

Reto del verso endecasílabo
Autor: Libardo Ariel Blandón Londoño
Writing: 2019

Diseño de Portada: LA Blandón
Dirección General: Libardo Ariel Blandón Londoño
Editorial lulu.com
www.Ariello.net

ISBN 978-1-67811-291-2

INTRODUCCIÓN

Algo novedoso para los lectores de poemas clásicos les traigo esta vez, se trata de poemas de diversas formas todos endecasílabos. Y es que el verso endecasílabo tiene su misterio, su secreto, su toque mágico que los poetas clásicos de todos los tiempos reconocieron y supieron aprovechar muy bien.

Inicialmente se usó con mucha frecuencia el verso dodecasílabo -versos de 12 sílabas fonéticas o poéticas- no obstante, con el uso, el verso endecasílabo, verso de 11 sílabas fonéticas, se fue imponiendo de una manera tal que se convirtió en el verso preferido por los poetas clásicos de la Edad Media.

Se caracteriza por su musicalidad y rítmica. La calidad de un poema, considero personalmente, estriba en su ritmo, que le da un aire musical al verso. Por tal razón un poema escrito en endecasílabo debe conservar los mismos acentos prosódicos en toda la obra. Se trata de conservar la prosodia. Según los estudiosos sobre el tema se han trabajado 28 tipos diferentes de endecasílabos incorporados en una tabla. Yo he elaborado otros tres y los pongo como propuesta: Cécico creado para la poeta y declamadora María Cecilia Estrada Bedoya y dos Vicentélicos en honor a la poeta y declamadora María Beatriz Vicentelo Cayo. Estos tres los pongo como propuesta para su nominación.

El propósito de este trabajo que pretende lograr, es elaborar una obra de carácter didáctico. Consiste en un desglose de los 28 tipos de versos endecasílabos que aparecen en la tabla.

De cada verso se describe, de una manera breve, la distribución por tiempos de cada uno de los acentos prosódicos. Además, se da un ejemplo de cómo será la construcción da cada uno.

Lástima que los poetas de hoy hacen caso omiso a las técnicas para escribir versos clásicos.

La arquitectura utilizada para escribir poemas clásicos requiere del aprendizaje de ciertas normas que apuntan a dar belleza, estética y armonía, para lograr obras de verdadera ingeniería literaria.

Con el análisis minucioso de cada uno de los tipos de endecasílabos se logrará entender cómo se construye un poema clásico con una técnica apropiada.

El autor

PRÓLOGO

Libardo Ariel Blandón Londoño, constituye, por la perfección, acierto y belleza de sus construcciones literarias, no solamente un gran artista de la literatura, sino también una autoridad en lo concerniente a Poética Clásica. Este talentoso escritor oriundo del municipio Concordia, del departamento de Antioquia (Colombia), ha combinado a lo largo de su vida, su arte lírico, con la Biología y la docencia universitaria. Y hoy nos trae un interesante y valioso libro, denominado "Reto del verso Endecasílabo".

Realizar un prólogo para la presente obra, conforma un agradable desafío, porque su autor es un artista y profesional comprometido con la cultura, que escribe para el disfrute, pero fundamentalmente para congraciarse con una humanidad que palpita en su fe y en su acrecencia literaria. Es en este hallazgo ineludible, en esta experiencia de encontrarse con la fuente de una inspiración gloriosa, que resulta importante, descubrir un escritor que entrega sus pasos, mostrando sin mezquindad, el arte y la ingeniería, como fuerzas fértiles que conducen a la victoria del endecasílabo, indicando pacientemente cada pisada firme, para que no haya lugar a fallas en la construcción de cada verso.

El presente libro, se erige como un instrumento didáctico muy novedoso, porque presenta poemas con todas las modalidades rítmicas de los endecasílabos, mostrando específicamente treinta y un tipos de versos que se pueden edificar en dicha métrica. De cada uno se describe, de una manera concreta, la distribución por tiempos con todos sus acentos prosódicos. En este sentido, he aquí un valioso manual que pretende motivar a construir poemas clásicos técnicamente correctos.

En materia de endecasílabos, la retórica y la ingeniería deben ir de la mano, por ende, las fallas no tienen cabida; cada formato debe ser impecable tanto en forma como en contenido. El nivel y la exigencia del endecasílabo debe equipararse a la altura léxica y a la belleza lírica, he aquí la estatura del compromiso de un poeta con sus lectores.

Yo no sé qué expresarán posteriormente los críticos, filólogos, lingüistas o historiadores, pero cuando se estudie la calidad de los buenos maestros dedicados a la didáctica del poema clásico, han de resaltar la de este ilustre poeta latinoamericano, cuyo aporte es tan grato como reconstituyente, lo cual nadie podría desconocer.

Milagros Hernández Chiliberti
Profesora, lingüista y poeta
Venezuela.

ÍNDICE

Tipos de Endecasílabos

1 Enfático puro acentos en 1-6-10
Cada melancolía es elocuente
Cá-da-me-lan-co-**lí**-aes-e-lo-**cuén**-te

2 Enfático pleno acentos en 1-6-8-10
Cómo nos brillará la luna sola
Có- mo-nos bri-lla-**rá**-la **lu** -na-**so-** la

3 Heroico puro acentos en 2-6-10
El **cán** ta ro que **guar** daen tre su **vien** tre

4 Heroico pleno acentos en 2-4-6-8-10
El **hom** bre **siem** preex **po** ne **cam** pos **nue** vos

5 Heroico corto acentos en 2-4-6-10
Te **can** to **ni** ñaen **és** ta ma dru **ga** da

6 Heroico largo acentos en 2-6-8-10
A **mor** me des es **pe** ras **to** doel **tiem** po

7 Heroico difuso acentos en 2-4-10
Mu **jer** me **tie** nes des ha bi li **ta** do

8 Melódico puro acentos en 3-6-10
Me pro **vo** cas mu **jer** por que me **quie** res

*9 **Melódico pleno*** acentos en 1-3-6-8-10
Al may **vi** da que **ri** daa **mi** ga **mí** a

10 Melódico largo acentos en 3-6-8-10
Co moun **ser** pe re **gri** no **ven** goa **ho** ra

11 Melódico corto acentos en 1-3-6-10
Calma y **ven** que coin**ci**den los re**cuer**dos

12 Sáfico puro acentos en 4-8-10
Con el co**ra**je se des**de**ña el **al**ma

13 Sáfico puro pleno acentos en 1-4-8-10
Llevo en el **al**ma tus re**cuer**dos **dul**ces

14 Sáfico pleno acentos en 1-4-6-8-10
Tengo del **sue**ño **ca**da **dul**ce **lu**na

15 Sáfico corto acentos en 4-6-10
De ses pe **ra** do **ven** go de la **gue**rra

16 Sáfico corto pleno acentos en 1-4-6-10
Cuánto te **cues**ta es**tar** embara**za**da

17 Sáfico largo acentos en 4-6-8-10
Y si te **cues**ta **tan**to **cómo** insistes

18 Sáfico largo pleno acentos en 2-4-8-10
Apue**s**to **to**do mi di**ne**ro, **to**do

19 Sáfico difuso acentos en 4-10
Si te apos**ta**ra mis desilu**sio**nes

20 Sáfico difuso pleno acentos en 1-4-10
Antes te a**pues**to mis desilu**sio**nes

21 Sáfico inverso acentos en 1-6-7-10
Lloro como si **ya to**dos se **fue**ran

22 Vacío puro acentos en 6-10
Como si se mar**cha**ran mis tris**te**zas

23 Vacío largo acentos en 6-8-10
Como si se per**die**ra **to**do en**can**to

24 Dactílico puro acentos en 4-7-10
si ante la **luz** se le **mi**ra la **som**bra

25 Dactílico pleno acentos en 1-4-7-10
Flores con **tan**tos per**fu**mes atr**a**en

26 Dactílico corto acentos en 2-4-7-10
De **ca**da a**mor** se nos **que**da el re **cuer** do

27 Galaico antiguo acentos en 5-10
Por el holga**zán** se nos desa**fí**a

28 Italiano puro acentos en 7-10
Porque en el itine**ra**rio lo a**lu**de

PROPUESTA

29 Cécico acentos en 3-7-10
Con el **llan**to se de**can**tan los **ma**les

30 Vicentélico pleno acentos en 2-3-5-8-10
La **flor tie**ne el **pe**so de **ca**da **ge**ne

31 Vicentélico largo acentos en 2-5-8-10
A**pre**cia tan **pron**to las **no**tas **al** tas

NOTA
En el siguiente cuadro se explica cómo varía el significado según los acentos en un mismo verso.

1	2	3	4	5	6	7	8	9	10	11
hoy	se	nos	ba	ña	***rá***	co	na	guar	***dien***	te
hoy	se	nos	ba	ña	***rá***	co	***ná***	guar	***dien***	te
hoy	***se***	nos	ba	ña	***rá***	co	na	guar	***dien***	te
hoy	***se***	nos	ba	ña	***rá***	co	***na***	guar	***dien***	te

Si quiere conservar su musicalidad debe mantener los mismos acentos del primer verso. Obsérvese las dos siguientes estrofas.

Columnas 2 – 6 y 10 de los recuadros:

El ***can***to a la nos***tal***gia te entris***te***ce,
te lleva por senderos ilusorios,
te pasa por algunos purgatorios
y purga su pecado sin que rece.

	2	**3**	**4**	**5**	**6**	**7**	**8**	**9**	**10**	**11**
el	***can***	toa	la	nos	***tal***	gia	ten	tris	***te***	ce
te	***lle***	va	por	sen	***de***	ros	i	lu	***so***	rios
te	***pa***	sa	por	al	***gu***	nos	pur	ga	***to***	rios
y	***pur***	ga	su	pe	***ca***	do	sin	que	***re***	ce

El canto a la alegría te estremece,
te llena de esplendor en los jolgorios,

se ausenta, por lo tanto, en los velorios
no cabe donde el mundo se entristece.

el	***can***	toa	laa	le	***gri***	a	tees	tre	***me***	ce
te	***lle***	na	dees	plen	***dor***	en	Los	jol	***go***	rios
seau	***sen***	ta	por	lo	***tan***	toen	Los	ve	***lo***	rios
no	***ca***	be	don	del	***mun***	do	Sen	tris	***te***	ce

Reto en liras

septiembre 22 de 2019

en dos liras empaco
una pieza poética algo breve,
así jugo le saco
al verso mientras llueve,
al poema que escribo ante la nieve.

Porque este reto mueve,
revuelca, desde luego mis entrañas,
por eso quien se atreve
y deja viejas mañas
aprende así a quemarse las pestañas.

1

Enfático puro

Acentos en 1-6-10

Cada melancolía es elocuente

TÁ - ta - ta – ta -ta -**TÁ**- ta -ta – ta -**TÁ** - ta

Cá-da-me-lan-co-**lí**-aes-e-lo-**cuén**-te

1 Sombras

agosto 1 de 2018

Sombras en que se ciernen mis recuerdos,
trato de conservarlos como cuerdos
ávidos de solemne transparencia;
cesa la prioridad ante el sufriente,
luces que se le niegan al presente
dándole sepultura en la conciencia

Canto que se acomoda entre los vientos
deja, como en antaño, sentimientos,
vuela de entre su seno hacia el vacío,
penas que se estremecen en las noches
gimen en su nostalgia, sin reproches
lanzan hacia la mar su poderío.

Pierden en su inefable fantasía
todo lo que conservo en mi agonía
sólo por el recuerdo que se olvida;
canto que melancólico se aleja
trémulo por la senda que despeja
todas las ilusiones de la vida.

2 Por amarte

enero 22 de 2019

Cada melancolía es elocuente
habla de su dolor y lo define,
lástima que a la larga se adivine
grande desequilibrio entre la mente.

Nunca la percibimos como fuente
laxa por una lágrima que afine,
todo lo que en la calma se imagine
siempre es desilusión indiferente.

Calma que enhorabuena es estandarte,
deja entre los jardines los tesoros:
frescas inflorescencias para darte,

pongo entre tus pupilas y mis poros
gotas de mis tristezas, por amarte
rueden sobre mi piel cual meteoros.

3 Flores

enero 22 de 2019

flores que entre las gotas de rocío
tímidas florecieron en la aurora,
lánguidas se tornaron hasta ahora
mustias por la escasez de su sombrío.

Todo lo que fulgura en el vacío,
dicen los que conocen cuando aflora
llena de lobreguez la cantimplora,
dejan lo que mantiene el poderío.

Nunca te alumbrará por el camino
sólo se te acomoda en el destino
siempre que en francas lides nos deslumbre,

mira si tus congojas te maltratan
ponlas en cuarentena, si se matan
vete por el sendero de costumbre.

4 Tus haberes

enero 29 de 2019

Bien se manifestaba en los placeres,
todo lo que en el alma se atesora
puedes incorporarlo a tus haberes.

Sólo si como ayer se nos inserta
pleno en sabiduría, los saberes
suelen consolidarse como oferta.

Es la sabiduría en su contexto
todo lo que sublima la reyerta,
vive la realidad como pretexto.

Es en la austeridad donde se pone
toda melancolía, es como el texto,
tanta desesperanza predispone.

Déjenme sollozar convaleciente,
ya recuperaré de quien se opone
todos los arreboles del poniente.

5 Desilusión y desengaño

febrero 5 de 2019

Cuánta desilusión y desengaños
cáusanos tus ingentes amoríos,
cuéntame de tus locos albedríos,
estos se dignifican con los años.

Grande es la tentación a los engaños,
son la satisfacción para sus bríos,
locos como lo son tus desafíos
bien se contemplarán en los restaños.

Siento que entre borrascas te coloca,
luce como inocente mariposa
ávida de la luz que las sofoca.

Pobre del lepidóptero que goza
viéndose deslumbrado y lo provoca
toda luminiscencia sigilosa.

6 Una constelación

febrero 3 de 2019

Una constelación en la espesura
gélida de mi cielo colombiano
brilla como cualquier sol soberano,
luce como una estrella rubia y pura.

Déjenme colocar mientras fulgura
notas al pentagrama de mi arcano,
notas que entre un silencio sobrehumano
da en consideración la partitura.

Vaya si la razón la desaprueba,
nota que se desliza entre la bruma,
voz en cuyo registro se comprueba,

Basta con la canción que nos resuma,
haga la diferencia con la prueba
vaya genuflexión la de la pluma.

7 Infiel

febrero 7 de 2019

Lento como el enorme paquidermo,
sonso, como inseguro, como muermo
llega el esposo infiel a su camastro,
fuerte, pero en pedazos, por el mundo
mientras remordimiento tan profundo
luce cual de la roca su balastro.

Sólo cuando el infiel en su momento
llega como la luciérnaga, portento,
loco cual de la fiera entre sus bríos
muestra su gallardía cual trofeo,
mirase entre los brazos de Morfeo,
luce como de un cuento los sombríos.

Cuántas desilusiones a su paso
deja sin contemplar mientras acaso
pone su menosprecio entre comillas,
queda entre sus acasos por doquiera
todo lo que presencia a su manera
cosas que ante el amor son maravillas.

8 Acontecer en la llanura

febrero 11 de 2019

Deja que conmovida de alegría,
vuelva el acontecer a la llanura,
préndete de la noche en su agonía
piensa que en el paisaje se perdía
toda desilusión en su verdura.

Siempre que entre las ramas desperezas
vuelves a confundirte entre las frondas,
deja que si anochezco entre tristezas
ojos con cuyos fondos embelesas
has de recompensar con la maleza.

Arte de enriquecer con su frescura
todo entre su paisaje sabanero
tiene su corazón en su armadura
ávido de clemencia se figura
ser del amanecer el pregonero.

2

Enfático pleno

Acentos en 1-6-8-10

Cómo nos brillará la luna sola

TÁ - ta – ta -ta -ta – **TÁ** - ta - **TÁ** - ta - **TÁ** - ta

Có- mo-nos bri-lla-**rá**-la **lu** -na-**so**- la

9 Vida injusta

agosto 1 de 2018

Cuéntame tus tristezas vida injusta,
háblame de tu pena, llanto, risa,
cántame la canción que más te gusta;

dime con la palabra bien precisa
cómo sobrevivir en pleno asfalto
siéndose estimulada, así deprisa.

Callas sin responderme cómo asalto
esos inmaculados labios rojos,
lucen con su color, indican ¡Alto!

Dejan como secuela aquí en mis ojos
gotas, de desconsuelo un triste manto
antes de adormecerse en mar de abrojos.

Dejo en el manantial mi amargo llanto
fluya mientras así dolientemente
venga con su furor la muerte en tanto.

10 Terreno impío

enero 23 de 2019

Cuándo florecerá el edén marchito
seco por la inclemencia de este infierno,
cuándo sucumbirá en el fuego eterno
todo lo que en terreno impío medito.

Siempre terminará silente el grito
antes de que aparezca el crudo invierno,
sólo apareceré ante Dios prosterno
una genuflexión hacerla invito.

Salta de entre las sombras fuego intenso
que hace encender la física agonía,
llena mi corazón de amor inmenso,

sacia por Dios mi sed con agua fría
manto de devoción, fragante incienso
sombra donde se cierne el propio día.

11 Un sol dorado

enero 24 de 2019

Dime si las estrellas más brillantes
tienen la lucidez del sol, del día,
tienen la placidez que da armonía,
duermen bajo sus luces más distantes.

Dime si entre los astros más prestantes
guardan en su interior la noche umbría,
dí si en su dirección el alma mía
puede, en su atardecer, volar instantes.

póngole en cuarentena tu alma pura,
dejo que se madure en algún grado,
cuécese entre su ser celeste albura,

tengo en mi amanecer al ser amado
una voluminosa luz fulgura
arde en mi corazón un sol dorado.

12 Sitibundos

enero 27 de 2019

Tengo la cantimplora de agua llena,
soy incondicional como es la alberca;
voy a solicitud de aquel que acerca,
ávido su tonel, que halló en la arena.

Saca de su interior angustia, pena,
salta de entre su vientre que está cerca
sed es su maldición, con ella alterca
agua le brindarás, agua serena.

Ya la satisfacción al labio aflora
dada la condición de estar sediento
toma a la saciedad, el agua añora,

seres que sitibundos van, lo siento,
beban a sus expensas, tal que otrora,
vuelvan al bebedero en otro intento.

13 Cuerpo y mente

enero 29 de 2019

Esta necesidad que justo hora
vive mi corazón aciago y yermo,
es la desilusión de un cuerpo enfermo
que antes de fenecer la paz implora.

vuelvo al amanecer en plena aurora
tengo mi lasitud mientras yo duermo
dejo que me palpite mustio, muermo
este mi corazón que ardiente llora.

siento que mis entrañas noche y día
viven la placidez del buen muriente
dice su languidez, su tal porfía,

siento que entre mi cuerpo ya silente
laxo por consiguiente aún confía
no se nos desampare cuerpo y mente.

14 ¡Cuánto vales!

febrero 5 de 2019

Antes de conocerte no sabía
cuánta fascinación en mí cabría,
viendo, como cualquiera, ¡Cuánto vales!
pienso que, ante la roca, si hay ternura,
esta se reblandece, así perdura
basta con el amor y hechos reales.

Cuéntame de tu amor su triste pena,
cuánta desilusión, mujer ajena,
cabe en tu corazón así exprofeso,
tómalo, a la sazón, si no palpita
guárdalo con amor, así se excita,
cuenta con el apoyo de mi beso.

15 Así marchito

febrero 9 de 2019

Este remordimiento que hace daño
sirve, como a la herida, gran restaño,
nada se nos otorga así gratuito,
sólo si menoscaba el propio nombre
puede que el corazón ya no se asombre,
sigue su palpitar por ti expedito.

Este remordimiento me hace trisas
todo lo que en el alma tú precisas,
todo lo que en el pecho bien se mueva
deja sin dirección en un instante,
ya por su condición de ser amante
ávido de pasar la dura prueba.

agua que beberás por qué ensuciarla
fresca te saciará la sed, probarla
sólo es la condición que aquí resalta,
bebe del manantial del agua pura,
líbrate de impurezas alma impura,
si hubo remordimientos, hubo falta.

16 Incertidumbre

febrero 11 de 2019

Vengo sin condiciones paso a paso,
veo la incertidumbre haciendo nido
dentro del corazón que está dormido,
esa es la posición en este caso.

Tengo la sensación de un gran fracaso,
pobre la incertidumbre, a qué ha venido,
oigo como del eco tal sonido,
siento como de látigo un abraso.

Tengo la condición de haber logrado
darle y a plenitud, al ser amado,
todas las ilusiones que yo albergo,

haya emancipación valga conciencia,
si hay consideración viva la esencia
de esta constelación, aquí me yergo.

3

Heroico puro

Acentos en 2-6-10

El cántaro que guarda entre su vientre

ta -**TÁ** – ta – ta – ta – **TÁ** – ta – ta – ta – **TÁ** – ta

El **cán** ta ro que **guar** daen tre su **vien** tre

17 Mujer angelical

agosto 1 de 2018

Mujer angelical, madrugadora,
ajena del amor concupiscente,
conviertes en plegaria dulcemente
los ecos silenciosos de mi aurora.

Quedándote en silencio ante la hora
te llevas la amargura hacia la fuente,
cantando villancicos al poniente,
llenando de oración la cantimplora.

Y alegre entre las noches de desvelo
postrada te encomiendas a tu rezo,
te das en oración ante tu cielo.

Comulgas en la aurora con mi beso
en tanto que tu espíritu, ante el vuelo,
va en pos de la ilusión de su embeleso.

18 Un canto

enero 24 de 2019

El canto a la nostalgia te entristece,
te lleva por senderos ilusorios,
te pasa por algunos purgatorios
y purga su pecado sin que rece.

El canto a la alegría te estremece,
te llena de esplendor en los jolgorios,
se ausenta, por lo tanto, en los velorios
no cabe donde el mundo se entristece.

El canto te equilibra el sentimiento,
si es triste la alegría te la mueve,
si alegre te sacude en un momento.

El canto es el milagro donde bebe
el mágico secreto que en el viento
cabalga silencioso mientras llueve.

19 Cansado de llorar

febrero 4 de 2019

Cansado de llorar mi desventura,
henchido de dolor y de amargura,
tu nombre llevo en mí, en la memoria
clavado como dardo milagroso,
en aras de tu vuelo venturoso
me dejas sucumbir ante la gloria.

Y pones, en mi ser melancolías
que guardo con afán entre las mías,
luciendo de su esencia los tesoros
que adjunto a los despojos de mi alma
perdón, pero nos queda entre la calma
el eco de recuerdos los sonoros.

Recuerdos, los sonoros nos encante,
no hay nota musical que nos espante,
un cántico de amor o de ternura
nos pone en actitud de expectativa
y en estas situaciones nos esquiva
la magia de un recuerdo de amargura.

20 Acuario

febrero 12 de 2019

Con negros nubarrones se oscurece
el cielo amarillento de la tarde,
son prueba fehaciente donde acrece
aquello que jamás se desvanece:
el brillo de los ojos del cobarde.

Y pienso que, aunque el alma se acobarde
y tema concebir su propio diario,
en horas vespertinas quien te aguarde
que nunca en el camino se retarde
y pueda continuar su itinerario.

Con rayos y relámpagos Acuario
se deja lisonjear a su manera,
cortejan las estrellas el osario,
el hondo firmamento su prontuario
y Dios en el final de su carrera.

21 Sed

febrero 13 de 2019

Mi boca se reseca cual desierto,
la angustia sitibunda mientras llora
agita la garganta con acierto,
hallar cerca un aljibe es algo incierto,
es una maldición se nos rumora.

Parece que en Samaria desde otrora
se encuentra una mujer arrepentida
negole de beber su cantimplora
al justo Nazareno quien implora
un sorbo en agua fresca convertida.

El agua que me niegas, conmovida
verás la diferencia a la que ofrezco,
te doy del manantial que de por vida
te deja en la garganta concebida
la paz de un paraíso dulci-fresco.

22 Ensueños del aljibe

febrero 14 de 2019

El agua no alimenta si es bebida,
el plasma celular la necesita;
en este se disuelve, o precipita
partícula cualquier que en ella incida.

El agua por doquier es difundida,
sin ella el manantial su ausencia grita,
donde haya una molécula palpita
el hálito vibrante de la vida
.

Sin agua un manantial es un ensueño,
un mundo que entre sueños se describe
no pasa de encender un dulce sueño,

con ella el universo se describe,
existe el paraíso que es el dueño
de todos los ensueños del aljibe.

23 Bruja

febrero 15 de 2019

Con cuánto saldaré la incertidumbre
de hallarte cocinando tus brebajes,
serán de los venenos que salvajes
levantan los amantes por costumbre.

Que Dios nos ilumine, nos alumbre
y cuide nuestros sueños sin ambages,
su gran misericordia en nuestros viajes
nos guíe por doquiera con su lumbre.

Ser bruja no acarrea lo brillante
tampoco una promesa descollante
ni nada que sea bueno, al parecer,

ser víctima del mal, lo menos grato,
que el diablo se acomode en su retrato
y siembre la cizaña por doquier.

24 La sentencia del glotón

febrero 15 de 2019

Tomar aguapanela al desayuno
es algo tan dañino y sin igual
que engorda las lombrices del yeyuno,
por eso recomiendan el ayuno
y evita, por lo tanto, el hospital.

Evítese la grasa eso es veneno
chorizo, la chunchurria el chicharrón,
mondongo, la morcilla es queroseno,
lo quita de la dieta su galeno,
se engorda casi siempre por glotón.

Que azúcar, es muy mala, pues le daña
la sangre que es sagrada a su merced,
harinas la prohíben quien se ensaña
al darle la gabela que es extraña
al pobre muerto de hambre que es usted.

Mercamos en la tienda naturista
un jurgo de pastillas, el formol,
y todo en la farmacia mayorista,
por tanto, lo que brindo en la entrevista:
un vino sin azúcar ni alcohol.

4

Heroico pleno

Acentos en 2-4-6-8-10

El hombre siempre expone campos nuevos

ta - **TÁ** – ta - **TÁ** - ta - **TÁ** – ta – **TÁ** - ta - **TÁ** – ta

El **hom** bre **siem** preex **po** ne **cam** pos **nue** vos

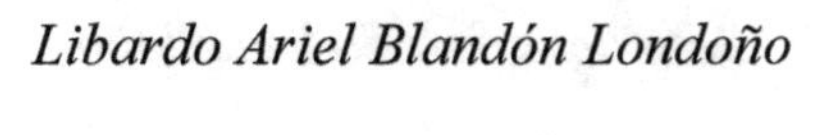

25 La tuna

agosto 2 de 2018

Sacar de amor la tuna causa angustia,
es una cosa extraña, causa impacto,
te deja en cada acción el alma mustia
y aciago el *corpus vitae* e ipso facto.

Se hinca en plena piel, afecta el tacto
altera el mismo seso, el propio tino
en sitio bien crucial, un punto abstracto
se clava bien mediando en sí el destino.

Resbalan frescas gotas, son el sino
que tiene que pagar criatura alguna,
si siente cómo el cielo al mundo vino
entiendo cómo el vino al mundo es tuna.

Calienta luego el alba de una en una
la misma brasa ardiente que hoy me quema,
esconde allá en su mundo gran fortuna:
la puga que arde enhiesta y causa edema.

26 En ascuas saco al diablo

febrero 9 de 2019

Del fondo más oscuro en pleno infierno
en ascuas saco el diablo no lo niego,
cazarlo quiero, entonces, Dios te ruego
ayuda quiero yo, en este invierno.

No digo cómo lo hago, es algo alterno,
lo pongo siempre, siempre al rojo fuego
así querrá volver, siguiendo el juego,
clavado en las entrañas de algo interno.

Por eso canto, rezo, río y lloro,
cazarlo así carezca, dé decoro
en esta franca lid será buen reto.

Si saco al mismo diablo de ese encierro
no queda quién asuma el propio entierro
porque esa es la verdad yo no la objeto.

27 la noria

febrero 11 de 2019

Y cuántas veces gira cada noria
hundida en un letargo todo el día,
reciben todo el tiempo el agua fría
y pasan todo el tiempo haciendo historia.

Alguno alcanza en breve hacer la gloria
y muele, así, de afán el alma mía
en cuál instante prueba alegre vía
y deja aquella fuente dar victoria.

Lograr que muela y muela dando vueltas
monótono ha de ser, son ruedas sueltas
tritura allí semillas cada vez,

el sol silente tuesta sin desgano,
la noria mansamente muele el grano
tritura sin cesar y no al revés.

28 Nacer

febrero 1 de 2019

Se cuece a fuego lento tu alma pura
en un crisol sagrado a pleno sol,
por tanto, si hay caricia, habrá ternura
aquí se aclara genio y bien figura,
se logra hacer tan pulcra en un crisol.

Te afinas hoy por ende en un instante
disfrutas alma infante aquel placer
de verte en un aliento bien quelante
que apenas cruza el cuerpo más pujante
ya suele estar muy lista y bien nacer.

Un ángel ¡Oh! criatura bien restañe
lo que haya de un pecado que hace mal
después de anclarse a un puerto no se extrañe
que todo lo que ocurra aquí le atañe
y justo ya estas vivo te da igual.

29 Vida laxa

febrero 19 de 2019

Logró dorar tu labio un sol de estío,
carisma no te falta arcángel mío…
palpita en gran torrente sangre ajena,
acierto, casi siempre la aventura;
por eso yo bendigo tal criatura
no importa, sangre azul también es buena.

Eterna vida laxa así serena
mantiene en buen manejo toda escena,
alumbra todo aquello, luz febea,
en un panal de abejas, un enjambre,
se cuecen los productos de un estambre
envueltos en la cera que es presea.

Ningún acierto fino es cosa fea
palpita en cada sueño loca apnea,
sereno sueño induce a buen descanso
pensando cómo un ángel, por decoro
cantando infunde al hombre triste lloro
y queda, así sumido en un remanso.

30 Soy olvido

febrero 21 de 2019

Aguanto porque todo soy olvido
amor acervo aumenta gran dolor,
dichosa el ave que hace suyo el nido
de un Cóndor que atrapado en otro ha sido
y a nadie le ha contado el gran amor.

De buena gana aumenta en mí el deseo
que tantos han soñado allí acceder,
lo que haya en torno suyo bien rastreo
y dando pasos firmes ya me veo
instado aquella prenda poseer.

De tantos todos sueñan ser posesos
de tiernos besos puros y escapar,
al cabo aquel pensar en verse presos,
metidos sin quererlo hasta los huesos
no es cosa tan sencilla de aguantar.

31 Plegaria sin diatriba

febrero 24 de 2019

Y vengo aciago, ¡Dios! a darte gracias
por esta pena grande que hoy me quitas
y salva mi alma que ante ti congracias.
perdón allá en tu altar de amor permitas.

Altares ya levantan son ermitas
que invitan dulcemente a orar en pleno,
altares que hoy levantanse en mezquitas;
de iglesias, templos, criptas en su seno.

Mil cantos hoy coreamos al camino,
a darte gracias vengo bien ansioso,
la cruz empuño yo del buen Rabino
y avanzo bajo el sol en pleno gozo.

Asisto al cruel suplicio sin reposo,
apuro el trago amargo de agua viva,
me acerco lentamente al mismo pozo
y elevo así plegaria sin diatriba.

32 La torre

febrero 24 de 2019

Recibes cuánto amor, amor amado,
entregas cuánto ardor de amor usado,
desdeñas todo aquello que hoy bendices
y en un momento cruel mi gran congoja
explica cómo en una simple hoja
escribes todo aquello que hoy maldices.

Maldigo al fin afán si así lo escribes
en este mundo infiel que tú percibes,
en brumas bien visibles de esta tarde
tañer la gran campana allá en la torre
si lo hace, la campana, no se borre
doblando algún recuerdo que en paz arde.

La torre es un lugar que cerca al cielo
anuncios, por el orbe pone en vuelo,
cabalga en cada nota tu onda insana,
trasmite mi congoja en buen momento,
la torre como quiera entrega al viento
su informe a cada quién con la campana.

5

Heroico corto

Acentos en 2-4-6-10

Te canto niña en esta madrugada

ta - **TÁ** – ta – **TÁ** – ta - **TÁ** – ta – ta - ta – **TÁ** – ta

Te **can** to **ni** ñaen **és** ta ma dru **ga** da

33 El gallinazo y la harpía

agosto 3 de 2018

El mismo encanto tiene el gallinazo,
dispuso ayer mudarse con la harpía;
no pudo alzar su vuelo en mediodía,
dejó pasar la tarde hasta el ocaso.

De nube pone un lampo en su regazo,
volando a cielo abierto la seguía
en tanto, el ave negra sucumbía
al ver en plena sombra su fracaso.

Volaron cada cual a su guarida
después de aquel insólito cortejo,
bien triste estaba el gual por la partida.

Candela es juego grave, es el espejo
que pone en riesgo pleno hasta la vida
es esa luz que irradia el entrecejo.

34 Invierno

febrero 9 de 2019

Se aviene ya el invierno y sus secuelas
el frío viene y cala entre los huesos,
la lluvia y nieve cubren con sus besos
los mismos pisos fríos que congelas.

Se pintan siempre vivas acuarelas
que causan tantos tristes embelesos,
las funden, luego el sol con sus excesos
dejando un golpetear de castañuelas.

Ya pasa el crudo invierno y en su vuelo
arrastra cada pena por el cielo,
se lleva cada angustia hacia la muerte,

se asoma ya la ansiada primavera
con una nueva luz que a su manera
entierra aquel invierno y a su suerte.

35 Sueños locos

febrero 15 de 2019

Anoche tuve sueños pasajeros,
pasé la noche entera con delirios;
soñé con todo un puño de martirios…
anoche tuve sueños majaderos.

Y quise yo tenerlos lisonjeros
con una aroma sacra como lirios,
en cambio fueron luz como de cirios
y quise yo tenerlos placideros.

Los sueños sueños tienen, a la larga,
avienen, siempre se hacen los precisos
tu sueñas, sueñas bien y te descarga.

Los sueños siempre vienen imprecisos
te llegan, pronto acaban con la carga
y sueñas sueños locos indecisos.

36 Conciencia

febrero 18 de 2019

Apenas hay molestia en la conciencia
el flujo en esta vida es sin igual,
observo cómo siempre la paciencia
en todo cuerdo implica lo mental.

Mas, simple y llanamente la inconsciencia
nos muestra que algo fue circunstancial,
nos habla así la voz de la experiencia,
indica que esta vez nos paga mal.

Indicio fue sapiencia enhorabuena,
dejó al rosal servir la flor cercena
en un erial florido sin color

Le cunde propiamente el desespero,
la flor cercena luce en el florero
sedienta de agua fresca en su esplendor.

37 En consecuencia

febrero 24 de 2019

Podrás tener tranquila tu conciencia
podrás tener vigente tu candor,
poner y hacer, tal vez, la resistencia,
tener el alma llena, en consecuencia
de dicha, ensueños locos y de amor.

Enhiesto, a paso firme, magnifico
lo simple de esta vida que acepté,
crecer, sencillamente significo
que en cada gran instante simplifico
con dos palabras simples: lo intenté.

Me siento un hombre lleno de ilusiones
son esas que tracé cuando infantil
forjé mi gran futuro en las acciones
que pueden ser contadas en canciones,
canciones con acento juvenil.

38 Hacia la aurora

febrero 25 de 2019

Voló por fin la plácida paloma,
avanza lentamente hacia la aurora…
yo en cambio sigo el rastro por la loma
percibo aquí fragancias de su aroma…
revuela bella flor encantadora.

En un jirón de nube se incorpora,
limita al tierno lecho su acomodo,
hollando va esta vez en punto y hora,
te llevo en mí soñando y desde ahora
perdí tu amor pensando en darlo todo.

Coraje tiene aquel, salir del lodo
sujeto a cada gota que perfuma…
total, pasó su tiempo, de algún modo
le abruma, así previsto en un recodo
mantiene su indolencia entre la bruma.

39 Baile y danza

febrero 26 de 2019

Bailando aquel danzón que comenzara
con un sabor agreste y soñoliento
me vi perder el ritmo en el momento
bailando aquella pieza que empezara.

Del baile ya se siente la algazara
por tanto, ya se siente su contento,
el baile pára el alma, es alimento
excita, nota alegre nos depara.

La danza es parte prístina de culto
proyecta todo aquello que es oculto
y mana a la luz de la razón,

el baile simplemente nos coloca
en una simple y pura vaca-loca
de cardio, que hace bien al corazón.

40 La envidia

febrero 26 de 2019

Con ritmo y buen salero desconcierto
a todo aquel que surge enhorabuena,
celebro cada evento de verbena
alguna fiesta habrá, será un acierto.

Espero ¡Yo que sé! No haberme muerto
de envidia, de esa envidia que enajena,
deseo sin igual que te envenena,
dolor del bien ajeno descubierto.

Envidia, envidia buena es un engaño
el mal es siempre el mal es desengaño,
no hay mal por bien ni nada sobre ruedas,

sentirla trae angustias, desesperos
les doy un buen consejo sin agüeros
despierta tú la envidia mientras puedas.

6

Heroico largo

Acentos en 2-6-8-10

Amor, me desesperas todo el tiempo

ta - **TÁ** - ta - ta - ta - **TÁ** – ta – **TÁ** – ta - **TÁ** – ta

A **mor** me des es **pe** ras **to** doel **tiem** po

41 Gutación

agosto 3 de 2018

Las hojas que sollozan sufren poco
lo dice en el vergel la amante diosa,
tu frente la corono, flor hermosa,
con pétalos que pongo humilde y loco.

Sollozan en la aurora, sólo toco
las gotas de rocío, esencia airosa,
derrama el lagrimón la blanca rosa
y suena como el canto que hoy evoco.

En cada gutación resbala llanto
se llena de frescor la planta, en tanto;
formando con sus gotas todo un río,

resume la litera, todo es agua,
abono la hojarasca, allí se fragua
del mundo vegetal el mundo mío.

42 El beso

enero 25 de 2019

In situ manejar tu beso quiero
en tanto que al amor su esencia oriente,
In vivo escanciar con sed ardiente
el vino que desprende de su fuero.

In vitro saborear con loco esmero
elíxires que el labio, frescos siente,
degústase en el alma simplemente
quedárselos por siempre sólo espero.

Post mortem imposible, será en vano
el gozo que al rozar tu labio imprime
el beso que ante el mundo te hace ufano,

se espera comulgar si así redime
el hecho de sentirse más humano
en tanto un corazón a solas gime.

43 Justa pena

febrero 28 de 2019

Temblé cuando oteabas alma impía
el último suspiro que aún espera
lanzarse en la espesura de una hoguera,
por eso es que yo tiemblo noche y día.

Sufrí cuando olfateaste en mí alegría,
pensé en que el desafío es vil quimera,
resuélveme el asunto así me muera,
resuélvemelo pronto vida mía.

Libé donde hay amor y si hay verbena
le toca de la miel que el labio esconde
beberse lo mejor, la dicha es plena,

en cambio, si en amores no responde
el diablo nos libera justa pena
e infierno nos espera no sé dónde.

44 Vuelo iluso

febrero 28 de 2019

Al cielo de tus ojos vuelo iluso,
me impulsa la confianza que hay en ti,
cruzar por la pupila no rehúso
prosigo, aunque me llamen loco, intruso;
el propio cristalino allí atravieso,
contemplo su esplendor, de luz exceso…
en tanta maravilla yo me vi.

Seguí, como en el cosmos si hay rutina,
posé cual mariposa en un vergel,
me vi transfigurado en pieza fina
que brilla transformada en gran retina,
en conos y bastones ciego veo
la imagen que perfecta yo rastreo
postrado ante el valor de aquel joyel.

45 Corazón marchito

marzo 6 de 2019

Te entrego el corazón así marchito,
repleto de ilusiones, mustio, enfermo,
hundido en tu regazo yo me duermo,
no quiero que amanezca ese es el grito.

Llorando de amargor por ti palpito,
sufrir por el amor me vuelve un muermo
que abanto en el erial oscuro y yermo
al beso del amor estoy proscrito.

Tendido en el camastro el tiempo paso
aguardo que a la luz del propio ocaso
avenga de los cielos mi salud,

No es justo que en la sombra no fulgure,
en acto tan solemne no asegure
un hueco que se ajuste a un ataúd.

46 Tras la muerte

marzo 7 de 2019

Tirado, entre su lecho, a toda suerte
se encuentra lo que queda de un anciano,
cobijo le quitaron, mundo vano,
helado lo encontraron, casi inerte.

Recuerdos entre brumas puedes verte,
olvidos que se escapan de la mano
mantienen, como siempre al ser humano
anclando su pasado tras la muerte.

Y guarda en el silencio tal postura
que un lampo de su queja aún reposa
mostrando con afán su sombra oscura,

tenaz la pesadilla que hoy lo acosa
en una de sus vueltas se aventura
y cambia su dolor por una fosa.

47 Otra Historia

marzo 7 de 2019

¡Atentos! Porque el pan que yo les parto
aquí en la intimidad, en esta cena
mi cuerpo comerán, la dicha es plena,
lo anuncio como ofrenda en este cuarto.

El vino que bebemos yo lo aparto,
es sangre que circula en cada vena,
la fiesta que al amor es más serena,
es esta despedida que aún comparto.

Un hombre entre los doce vende al Cristo
vendimia no habrá más, vaya memoria
¿cobarde tan astuto abrase visto?

monedas de por medio fue la gloria
traición necesitabas, estoy listo
sin Judas Jesucristo es otra Historia.

48 La vigilia

marzo 8 de 2019

¡Alerta! La vigilia ya se acerca
con todo lo que tiene que acertar,
un mundo de abstinencia queda cerca
que pulcra como el agua de esta alberca
mantiene la armonía de un altar.

De carne el abstenerse es cosa seria
a todos nos sorprende, no es igual
un trozo de pescado, huevo, feria
cualquier acompañante sin miseria,
la carne me la dejan ahí tal cual.

Me abstengo del licor, eso es posible,
también de las mujeres que hacen mal,
guardar esta vigilia es loco, horrible
no obstante, con la carne es más terrible
si invitan al asado en que no hay tal.

7

Heroico difuso

Acentos en 2-4-10

Mujer, me tienes deshabilitado

ta - **TÁ** – ta – **TÁ** – ta - ta - ta - ta – ta – **TÁ** -ta

Mu **jer** me **tie** nes des ha bi li **ta** do

49 El ocaso de la senectud

agosto 3 de 2018

Despierto abanto como agonizante
allá en el lecho de mi juventud,
apuro el trago que, aunque amenazante,
llenó la copa cuasi desbordante
de aquel ocaso de la senectud.

Recojo ansioso para mis haberes
dorados astros en su plenitud,
volarlos juntos entre mis placeres
será la hazaña que con las mujeres
comparto en vida mientras la salud.

Por eso pongo sobre de mi sombra
que guarde el alma, como su ataúd
la misma sombra que cuando me nombra
se vuelve un canto, por lo que me asombra
se enciende el astro como su virtud.

50 Por tu juventud

enero 25 de 2019

Mujer, me alegra tu comportamiento
me sirves vino por invitación
que sea un motivo el acontecimiento
en estas lides en que el nacimiento
influye en pleno la meditación.

Acudo, entonces, a la remembranza
no encuentro al sabio que me descifró
el gran enigma donde se descansa,
la dicha eterna que ante su añoranza
el mismo cielo te felicitó.

Con esta copa, por lo cristalino
subyace en ella, por su pulcritud,
veamos todo lo que se nos vino
feliz cumpleaños y ante tu destino
salud, brindemos por tu juventud.

51 Como tu galán

enero 30 de 2019

De amor sufriendo como peregrino
el mismo cielo que te iluminó
dejó su huella como clandestino
y amante bardo que entre su destino
sus mismas cuitas desilusionó.

volando raudo desapercibido
a tientas vaga sin su dirección
el ancho cielo semi-oscurecido,
allí lo absorbe cual desprevenido
y amante bardo la desilusión.

Volar quisiera bajo tu sombrío
la calma espera tras del huracán
amor me tienes entre el poderío
perdido en ascuas, y ante el murmurío
luchando a solas como tu galán.

52 La carta

marzo 31 de 2019

El As que traigo por entre la manga
la carta clásica de corazones
será tirada mientras te arremanga
la bruja infame con su burundanga,
contengo aquí mis consideraciones.

La sangre hierve con desilusiones,
que vuelven loco ante la circunstancia
al mismo diablo que entre sus acciones
enhiestas lucen como decepciones
en un infierno como su arrogancia.

Es un hechizo donde la constancia
arroja el cuerpo sin predilecciones
el mal pensado mientras se te escancia
el bebedizo que ante la distancia
te surte efecto sin vacilaciones.

53 Cautiva el alma

abril 7 de 2019

Cautiva el alma por las ilusiones
cual ave avanza por entre el adverso
confín lejano de nuestro Universo
donde despiertan elucubraciones.

Extiendo el ala sin vacilaciones
perenne vuelo por entre mi verso
planeo a solas si lo tergiverso
me entrego al mundo sin predilecciones.

Si en un recodo por incertidumbre
resuelves, mustia por entre la lumbre
volver al cuerpo del que te alejaras,

desdén no encuentras, ni la indiferencia,
saldrá una venia como deferencia
si al cuerpo, de alma no lo despojaras.

54 Pichón de Cóndor

abril 10 de 2019

Se alegra el cielo cuando lo atraviesas
pichón de cóndor, mientras las destrezas
se afianzan plenas con tus emociones,
pues quien pensara que nuestra Natura
luciera siempre en su cabalgadura
un gran rapaz de las constelaciones.

El mismo cielo en sus profundidades
lo alberga ciego en sus oscuridades
sus nidos cuelgan en las latitudes
de altivos riscos suramericanos
donde gallardos los super-humanos
los van diezmando con sus actitudes.

55 Por una pena

abril 10 de 2019

Por una pena que me aconteciera
pagué bien caro sus aconteceres,
perdí mi alma que entre los placeres
erguida estaba, aunque sucumbiera.

Pero una tarde, como si volviera
a arder el alma en sus atardeceres
pagué de nuevo con anocheceres
el cobro injusto que prevaleciera.

Claudico impío porque ante la vida
la muerte misma se nos predispone
nos deja impávidos ante la huida,

y en tanto llega lo que nos compone
a grito abierto con la despedida
allá en la tumba se nos descompone.

56 El bardo azul

abril 10 de2019

El bardo azul cuya melancolía
castiga al alma con su trayectoria,
apunta al cardio con su fantasía
apunta al ego tras de su memoria.

Así girando como vieja noria
induce al ego a que desaparezca,
mantiene vivo lo que ya es historia
la noche alargas hasta que amanezca.

Se inspira el alba mientras anochezca
está el poeta como tremebundo,
no habrá crisol donde rejuvenezca
el bardo viejo sobre el que redundo.

Allá en los mares cual meditabundo
como es el cielo en sus profundidades,
Azul el bardo en cuanto lo profundo
se agita un barco entre las tempestades

8

Melódico puro

Acentos en 3-6-10

Me provocas, mujer, porque me quieres

Ta - ta - **TÁ** – ta - ta – **TÁ** - ta - ta – ta – **TÁ** – ta

Me pro **vo** cas, mu **jer** por que me **quie** res

57 Al camposanto

agosto 5 de 2018

Decidida mujer al camposanto
encabeza cortejo funerario,
encamina sus pasos con espanto,
con los ojos rojizos por el llanto
en silencio se da a su itinerario.

Mientras reza silente su rosario
ensombrece su rostro la tristeza,
el cortejo que avanza solitario
por el arduo final de su calvario
como venia reclinan la cabeza.

En la cuesta empinada que se empieza
mientras llega al vetusto cementerio
con lamentos de angustia, despereza
la tensión de la dama, que se expresa
con su rezo en voz alta y con criterio.

No ha lanzado ante nadie un improperio,
aunque a cuestas va el peso de su suerte
el cadáver se guarda con misterio,
en la tumba, que allá en el cementerio
administra los restos a la muerte.

58 Acompaña mi cuerpo

febrero 9 de 2019

Acompaña mi cuerpo al cementerio
pues será última vez que te lo pido
si me van ingresar los muertos cuido
entre vivo y muriente su misterio.

Acompáñame sólo al cautiverio
donde puso la nota conmovido
el artista que yace adormecido
por el eco tenaz de un improperio.

Si la muerte por fin nos discrimina
y en instante fatal se nos inclina
y nos pone de turno en su momento,

pues que venga la muerte cuando quiera
ya mi cuerpo en silencio desespera
y mi espíritu salta de contento.

59 Sodomía

febrero 15 de 2019

Con un Cristo dorado en su inventario
ascendiendo la cuesta de la ermita,
con macabra intención un carmelita
acaricia las cuentas del rosario.

Con lascivia tenaz que es su calvario
de antemano su paso precipita,
condenado al placer en que se agita
busca el nido sediento el victimario.

Un infante le aguarda con recelo,
imposible será emprender el vuelo
por aquello de sacra decisión,

tras la vianda feliz el muy tirano
acallar pudo al fin y con su mano
la macabra y sodómica abyección.

60 Desafío

febrero 24 de 2019

Me enfrenté cara a cara con la vida
en momento crucial de la batalla,
atraparla yo quise en su partida
cuando quiere volar enardecida
por el orbe infinito donde se halla.

Me encaré frente a frente era mi talla
confundido por cosas de la suerte,
en el cuello me cuida la medalla
por el simple temor a que se vaya
me quedé de momento como inerte

Me encontré frente a frente con la muerte,
presentí que la vida iba muy lejos,
atrapada estarás, y agradecerte
por volver otra vez en cuanto asirte
a mi cuerpo de nuevo y sus reflejos.

61 La acacia

febrero 25 de 2019

Para darle sombrío al peregrino
una acacia sembré junto al sendero
en la ruta que apunta a su destino,
de la planta a la vera del camino
hoy su sombra le alberga con esmero.

Desde entonces a un triste pordiosero,
le protege del sol en el estío,
es la acacia testigo verdadero
de los sueños del hombre compañero
le comparte su pena y su sombrío.

Un invierno cualquiera el cielo impío,
con la aurora temprana se congracia
hasta el cielo está oscuro, todo umbrío
congelado su cuerpo por el frío,
el mendigo murió bajo la acacia.

Y la gente dacía con suspicacia
que en un acto de duelo y de ternura,
entró en coma aquel árbol, por desgracia
enfermose de amor, nada le sacia,
marchitó de dolor y de amargura.

62 Paz con amor

marzo 25 de 2019

Me conmueve la herida en tu costado,
me conturba la llaga de tu frente,
por la herida al costado soy clemente
por la llaga a tu frente estoy postrado.

Aguzada la lanza del soldado
que tu cuerpo en cruz hunde silente,
la corona que ciñes inclemente
es la prueba que un reino es anunciado.

Delirante, pegado a tu madero
encomiendas al Padre a tu verdugo
implorando un perdón para su fuero,

es por eso Señor que te madrugo
ante el mismo lugar, el matadero,
donde paz con amor aquí conjugo.

63 No sé soñar

marzo 30 de 2019

Un poema conmueve tu conciencia
y se agita en el alma sin cesar,
va buscando consuelo con clemencia,
no se cansa jamás de sollozar

Soy abierto no sé de indiferencia
vivo alerta soy real por no soñar,
acomodo mis cosas con paciencia,
aunque cause dolor al despertar.

Hoy aciago mantengo mi rutina
cuando sale la nota matutina
hacia el mundo que llama la atención.

y se clava en el cielo del ocaso,
es la diana que guarda en su regazo
la saeta ensartando un corazón.

64 Páginas de alma, alma de páginas

marzo 30 de 2019

Siento un odio hacia el odio el infinito
y un amor infinito hacia el amor,
un amor por el odio no es bonito
ni tampoco lo es por desamor.

Un anhelo que anhelo lo he descrito
en las páginas de alma en su interior,
son las almas de páginas que invito
se nos lean, se estudien con fervor.

Y pensando que pienso lo que pienso
imagino no más lo imaginario
a través de un través que está en suspenso,

pero vuelan campanas al rosario
que ante el viento resuenan al ascenso
intentando cumplir su itinerario.

9

Melódico pleno

Acentos en 1-3-6-8-10

Alma y vida querida amiga mía

TÁ–ta – **TÁ** - ta – ta – **TÁ** – ta – **TÁ** - ta - **TÁ** – ta

Al may **vi** da que **ri** daa **mi** ga **mí** a

65 La flor de mi huerto

agosto 7 de 2018

Tú la flor de mi huerto más esquiva
estos pétalos rojos son testigo,
un poema te doy, te doy mi abrigo
tú me das la frescura de agua viva.

Pongo el alma en tus manos fina diva
y una pluma de ganso yo consigo:
versos, coplas recito, van contigo
buena rima y medida bien se escriba.

Labios dulces, mitigo dan tus rezos,
calman penas angustias, son ternura,
son la causa de tantos tiernos besos.

Sólo se ama mujer con ansia pura
mientras tengas pudor y buenos sesos,
alma blanca de nácar pulcra y dura.

66 Un lamento

febrero 14 de 2019

Quítame este dolor que así aletarga,
saca de estas entrañas todo acento,
deja de aves canoras un lamento
que haga en llanto sufrir la gota amarga.

Un lamento, por cierto, ya es descarga
deja el alma bien libre al pleno viento,
este arrastra por todo el mar sediento,
sed que tarde o temprano el alma embarga.

Di si llevas mañana aquel regazo
lleno de esa pasión do no hay sosiego
si es acerbo el amor será un fracaso.

Deja que esta velada a lento fuego
diga cómo una aurora o un rojo ocaso
pueden bien suceder sin que haya ruego.

67 Buena fe

febrero 20 de 2019

Qué no doy por la dicha de un abrazo,
un abrazo siquiera y por demás;
qué no doy por sentir de ti el abraso
dado en fuego de amor y nada más.

Quiero el lecho dorado de un ocaso,
suela, en ascuas, por ti olvidar jamás
tiernas brasas que al alma en un acaso
llegan plenas con ritmo y buen compás.

Cuántas veces gocé con mil parrandas
noches llenas de amor y buenas viandas
consta el modo y lugar al cual te amé

cuantas veces en vela vi la aurora,
cuántas veces el cielo en esta hora
ángel bello cuidó mi buena fe.

68 Un fracaso de amor

marzo 4 de 2019

Un fracaso de amor se siente fuerte
nunca ha sido tan vil como esta hora,
da la cara por ella, cómo otrora
fue de bardos la lucha siempre a muerte.

Ya resulta que ayer por no perderte
he jugado la carta en mala hora,
es por eso mujer que mi alma llora
esa lágrima oculta que hoy se vierte.

Más pareces serpiente en triste huida,
esa huida a la sierpe bien deslumbra,
es por eso que pierdes hoy la vida.

Una estrella fugaz tu ser alumbra
y es un caso fatal la fe perdida
es preciso, a la sombra, ser penumbra.

69 Agua pura

marzo 5 de 2019

Tengo un cántaro lleno de agua fresca
deja, en ti, que refresque el tierno labio,
pongo, en él, una gota sin agravio,
quiero apagues la sed que allí aparezca.

Deja ya que en la aurora humilde crezca
toda gran ilusión del hombre sabio,
alguien ha de pagar el tal resabio
cómo he de pretender que no amanezca.

Todo es una ilusión, es una pena,
ave que hace su nido no aventura,
casta fue por amor en luna llena,

pulcro fue el luminar que allí fulgura,
un ropaje de espuma linda estrena
calmas luego tu sed con agua pura.

70 Mientras vuela

marzo 24 de 2019

Cómo duele la herida así postrado,
cómo fluye la sangre en esta herida,
gotas saltan, el alma está aturdida,
cuán inerme se siente en tal estado.

Voy pagando la deuda de un pasado,
no debí adquirirla en esta vida,
siento el peso, la cuota está vencida
sólo tengo efectivo: aquel pecado.

Cuánta sangre yo vierto mientras duermo,
he debido preverlo así conduela,
ya esté bien o esté mal mi cuerpo enfermo,

antes pido perdón, así nos duela
pongo luz al sendero oscuro y yermo,
dejo en paz a mi alma ¡Cuánto vuela!

71 Llena de agua pura

abril 11 de 2019

Tengo el ánfora llena de agua pura,
voy bien pronto a apurarla en luna llena,
voy mi sed a calmarla ¡Cuán frescura!
tenue luz de una luna allí fulgura
al compás del sonido de una quena.

Cuenta ya con el agua pura y buena
que ha de darle el frescor que nunca engaña,
de agua el ánfora llena está en escena,
viejo cántaro, añeja con su pena
dulce zumo que cura en forma extraña.

Hoy el ánfora guarda allá en su entraña
un montón de recuerdos que no olvido,
casta gota que al fin la sed restaña
fluye allí del torrente, salta huraña
es la fuente vital que no descuido.

72 La fuente del amor

abril 11 de 2019

Antes era la lumbre todo el día
hoy la máquina cambia cada evento
pone toda inquietud al mustio viento,
todo cambia de rumbo en contra mía.

Antes sólo en la cumbre se vivía
nada habrá que ocultar, así presiento
mezcla cada señal con un lamento,
suele ser lo más pulcro, es compañía.

Calla y llora la ausencia, no hay frescura,
si hay amor se enarbola allá en su altura
todo ser que pretenda estar vigente,

guarda tú este manojo por que llueve,
ponlo allá en tu vergel, bajó la nieve
ríe, todo es amor yo soy la fuente.

10

Melódico largo

Acentos en 3-6-8-10

Como un ser peregrino vengo ahora

ta - ta - **TÁ** – ta - ta – **TÁ** - ta - **TÁ** – ta – **TÁ** – ta

Co moun **ser** pe re **gri** no **ven** goa **ho** ra

73 Sin condición

agosto 9 de 2018

Con el alma en los brazos, aún resiste,
por el tiempo que aguarde tiene paga,
en los cielos abiertos va a la zaga
de aquel astro ideal que ya no existe.

Ni consuelo ni amor allí tuviste,
abrazado a su sombra el mundo vaga
mientras luces del sol que aquí se apaga
se percatan que el orbe yace triste.

La paloma emprendió su intenso vuelo
de regreso a su nido solitario
con un alma en sus alas como un velo,

sin embargo, quedó como un falsario
con su espíritu triste, llega al cielo
y no halló condición, era un sicario.

74 Al rojo vivo

febrero 16 de 2019

Por tu labio que yace al rojo vivo
se acrisola mi labio a pleno sol,
apagarlo a conciencia no concibo,
por calmar su rigor tal vez esquivo
el quelante fragor de un buen crisol.

Con el fuego quemante hallé en tu boca
el ardor que en el fuego puede haber,
en la brasa que arde allí provoca
mantener encendida toda loca
la adorada ilusión que es un placer.

Aunque así se mantiene a marcha plena
insuflar una fragua, dar pedal,
acelera la llama que arda llena
del brasero que justo en cada vena
se acumula y termina en un ritual.

75 Producto de mi Cruz

abril 11 de 2019

En la clásica misa de un domingo
cuando el cura oficia muy puntual
en la cúspide interna bien distingo
una luz que desciende y luego extingo
por la duda que salta allí al final.

Si se logra captar será un milagro,
imposible esa luz, no puede ser,
es la imagen, que bien a Dios consagro
entre tanto su sombra la deflagro
será un caso imposible, no entender.

Una llama desciende luz de cirio
será el cuerpo y la sangre de Jesús,
si es milagro que calme mi martirio,
si el acervo de nervios es delirio
será al caso, por tanto, eterna cruz.

76 En el claro de un bosque

abril 11 de 2019

En el claro de un bosque no lejano
una ermita que ya es un hospital
proporciona servicio a aquel humano
cuya mente al trastorno es sin igual.

Se oye el eco, en las noches, muy cercano,
de los ayes que suelen ser señal,
trastornada su mente, aquel hermano
se encomienda a la muerte con su mal.

Como que hubo, esta vez, quizás clemencia, antenoche
brillaron por su ausencia
esos ayes producto del dolor,

pero hoy, en la aurora, en plena plaza
en la sombra un cortejo ya amenaza
el entierro solemne de otra flor.

77 Reto de ganar o perder

mayo 28 de 2019

Con la gran sensación que infunde el reto
de ganar o perder en cada apuesta,
ansiedad por jugar el golpe asesta,
nos invade la angustia por completo.

Se despierta, por tanto, en un sujeto
lo que al dios de los vientos hoy se apresta:
convertir en ventisca lo que resta
cuando el bien que se apuesta es un objeto.

porque el ansia de apuesta es un embrollo,
si no arriesgas un huevo no habrá un pollo
nuestro lema cambiar es de razón,

recordemos el dicho en forma breve:
devoción para el juego ¡Quién se atreve!
perdedor ya serás te obliga acción.

78 Negro trago

mayo 28 de 2019

Por la senda sin luz camino aciago
embriagado de amor yo doy ternura,
amparado en la bruma quién fulgura,
cabizbajo y a solas siempre vago.

Caminando muy lento me rezago
soportando la cruz que da amargura,
paladeando sin luz esta mixtura
con dolor el amor es negro trago.

En un punto del cielo, en otro mundo
se vislumbra en momento bien preciso
lo que queda de un astro moribundo,

por salir de la sombra voy deciso,
de su luz en su seno bien me hundo
y me lanzo a su abismo de improviso.

79 Amanecer

mayo 28 de 2019

Cuando el sol en el hondo azul celeste
se desplaza sin prisa en cada ocaso,
encendidos cabellos desde el Este
se los peina en el mar hasta el Oeste
donde guarda los rizos por acaso.

Y los suele guardar en su regazo
mientras cubre la noche con su manto
el tapiz verde-azul del suelo raso,
mientras vuelve la aurora sin retraso
posesión a tomar de aquel encanto.

Y del túnel nocturno, por lo tanto
en su extremo final se funde el día,
se revienta la sombra, explota, cuánto
se ilumina el sombrío que aún abanto
se despierta radiante de alegría.

80 Contraste

mayo 28 de 2019

A la luz de tu sombra soy cobijo,
a la luz de tu lumbre yo ilumino
a la luz de mi sombra hoy domino
a la luz de mi lumbre soy prolijo.

A la sombra mi luz alguno dijo
oscurece la luz que allí adivino,
asegura que el verbo es sol divino,
que en el rayo la cruz, es un sufijo.

Sin la sombra no hay luz que allí refleje,
sin la luz no habrá sombra que, al fin deje
observar desde un punto cuándo es clave,

es preciso se den los dos al tiempo,
sin el uno no hay otro, ni hay destiempo
si elemento es real sólo allí cabe.

11

Melódico corto

Acentos en 1-3-6-10

Calma y ven que coinciden los recuerdos

TÁ – ta – **TÁ** – ta - ta - **TÁ** – ta – ta - ta – **TÁ** -ta

Cal may **ven** que coin **ci** den los re **cuer** dos

81 Ante tus palmas

febrero 17 de 2019

Antes era en amores vagabundo,
yo vagaba sin luces por el orbe,
hoy que vago radiante por el mundo
siento cómo en su seno, si me hundo,
nada habrá que en el fondo se me estorbe.

Sigo sendas oscuras y de abrojos,
siento cómo se avivan mis Dolores,
pára ya de llorar por sus despojos…
dejo aquí mis angustias en manojos
que han de ser, por lo tanto, como flores.

Por la senda infernal o purgatorios
antes hay que emprender el negro viaje,
tengo el cuerpo y el alma transitorios,
voy en pos de los súbitos velorios,
dejo allí se incinere mi equipaje.

Traigo aquí a colación ante tus palmas
esa calma que viene desde Oriente,
que ha de ser bendición para las almas,
ha de ser, esta vez en aguas calmas,
de ese sitio de paz el referente.

82 Espina en el cerebro

febrero 17 de 2019

Otra espina se clava en mi cerebro
y me indica que en todo es el arcano
ese que hace función, pues lo celebro.

Es perfecto el cerebro del humano,
suele aquel vulnerarse por apneas,
¿quién se atreve a tocarlo con la mano?

Suele allí conformarse las ideas
hierve, entonces, la sangre entre las venas
tal y cuál se originan las mareas.

¡Cuántas veces la vida la cercenas!
¡Cuántas son por tormentas hormonales!
¡Cuántas veces con ellas la envenenas!

Ser cerebro es en términos vitales
disco duro ¡Control! pero se escapa
claramente el control de genitales

83 Muriendo por tu amor

febrero 18 de 2019

Hay un ángel que sufre por mi pena,
hay un ángel que llora mi dolor,
una angustia infinita me enajena,
un recuerdo en el alma me envenena,
tengo el alma muriendo por amor.

Esta vez agonizo silencioso
cada instante lo traigo a colación,
voy subiendo la cuesta, sigiloso,
hoy buscando en la muerte mi reposo
doy gustoso la paga al corazón.

Tengo claro que, al irme, la congoja
hace nido donde hubo un escozor,
una flor, en el pecho, se deshoja
cada pétalo suelto se sonroja
cada pétalo adquiere su color.

84 Cumpleaños

febrero18 de 2019

Brindo ansioso por ser tu cumpleaños,
esta noche lo haré con propiedad,
el amor se valora con los años
y también cristaliza con la edad.

Yo no quiero causarte desengaños
que hagan mella y te agredan sin piedad,
ya nomás viviremos ermitaños,
viviremos de amor la realidad.

Celebremos el día de tu santo,
no se cierna jamás el desencanto,
Dios bendiga la fecha y su virtud.

Sólo un brindis ahora yo propongo
de una copa de vino que dispongo
un feliz cumpleaños pues ¡Salud!

85 ¡Ay de aquel!

febrero 19 de 2019

¡Ay de aquel que te dice que te ama!
él no sabe el alcance que ello tiene,
tal vez piensa tan sólo en lo que aviene…
¡Ay de aquel que se esconde tras la rama!

Es posible lograr que tras la dama
haya un gesto de amor que te conviene,
tenga un nido, a un tálamo se atiene,
a una carta, tal vez a una proclama.

¡Ay de aquel caballero! que aprovecha
un poema de amor, o dulce endecha,
tal vez una ocasión para ofenderla,

Puede ser lisonjero que padezca
esa angustia tenaz que no merezca
la menor ocasión para quererla.

86 Acto de amor a la Cultura

febrero 20 de 2019

Siempre ten la conciencia enardecida
da ternura, dulzura enriquecida.
Hay que dar prioridad a la conciencia…
una gota nomás de amor al mundo
hoy se torna en un algo tan profundo
cómo no superar la competencia.

Antes era de algunos la sapiencia,
hoy a todo se aplica inteligencia…
ya se funde razón con pensamiento,
es un acto de amor a la cultura,
todo aquello que implique esencia pura
lo agradece la Historia en su momento.

87 Disimula

febrero 20 de 2019

Cómo hierve la sangre cuando apenas
una simple mirada nos envuelve,
un sonrojo en el rostro se disuelve,
cuán se agolpa la sangre entre las venas.

Lindo traje en qué instante lo cercenas
un desnudo aparece que resuelve
esa tal inquietud y nos devuelve
toda gran intención de dichas plenas.

Cuántos trajes de finos costureros
una simple mirada los anula
dejan sólo posando en puros cueros,

no te olvides que el ojo es quien calcula,
es de damas y augustos caballeros
ver, oír y, callarlo disimula.

88 A mi regreso

marzo 24 de 2019

Una ofrenda de amor a mi regreso
tengo un peso en el alma comprimido
pongo en juego la vida desvalido
mientras cubre tu labio mi embeleso.

Tú le pagas a Dios con el deceso
he debido saberlo conmovido,
sólo yago en dolores embebido,
Dios bendiga mi vida con su beso.

Y como antes postrado ante mi Cristo
hoy me atrevo, inclinando la cabeza,
a pedirle perdón mientras existo,

muchas gracias Señor, tu gentileza
siempre es mucho mayor de lo previsto,
gracias dulce Jesús por tu grandeza.

12

Sáfico puro

Acentos en 4-8-10

Con el coraje se desdeña el alma

ta – ta – ta - **TA** - ta- ta- ta – **TA** - ta -**TA** - ta

Con el co **ra** je se des **de** ñael **al** ma

89 Su gran batalla

agosto 15 de 2018

En los umbrales de tus pulcros valles
donde se emiten por doquier fragancias,
se recrudecen mis terribles ansias,
se desvanecen mis horribles ayes.

Y comoquiera que mi anhelo acalles
entre la espuma de mi vino escancias,
enhorabuena salvaré distancias
cuando en el lecho de mi cuarto te halles.

En consecuencia, libraría honroso
como en la guerra que a la postre estalla
embelesado por final glorioso,

enloquecido por la diosa ensaya
con la esperanza de salir airoso
lo que le queda de su gran batalla.

90 Cortejo de sombras

abril 12 de 2019

Con el coraje se desdeña el alma,
con la paciencia conservar la calma
si menosprecias, por doquier la vida,
en el remanso donde duerme en pleno
la cofradía que de muerte es lleno
entre marañas cavilando olvida.

En el cortejo que de sombras forma
los elementos con los que hoy conforma
entre su vientre el colosal cortejo,
internamente en coloquial figura
seguramente su final augura
y entre los muertos hallará su espejo.

91 Compasión

mayo 10 de 2019

Cuando en un tramo de la senda te halles
entretenido con banales juegos,
la incertidumbre te propone apegos
entre borrascas que transforma en ayes.

Ni por piedad ante el placer desmayes
si te mantienes con tus propios fuegos,
acostumbrado a conquistar sin ruegos
nos proponemos trascender los valles,

mas sin embargo por las cuestas largas
cuando el silencio con afán descargas
en la espesura de la peste vana,

en consecuencia, con la frente en alto
y la licencia que ante Dios resalto
me compadezco de la esencia humana.

92 Si nuestras almas volaran

mayo 11 de 2019

Si nuestras almas de verdad volaran
con la destreza de la fauna aérea,
al firmamento sin afán viajaran,
a las corrientes con placer dejaran
a los vaivenes de su masa etérea.

Incompatible a la textura cérea
condicionadas a la vida grácil,
antimateria que a la luz sidérea
ensombrecida por astral cinérea
entre silencios la atraviesa fácil.

93 Tu fragor

mayo 13 de 2019

Cual miserable tu fragor me deja
entre las aguas de la mar durmiente
en cuanto tenga su furor silente
encajaremos sin ninguna queja.

Encadenado con pasión se aqueja
misericordia al corazón que ardiente
transmutaciones en la carne siente,
palpitación que al fenecer se aleja.

Mientras el monstruo que al amor separa
en consecuencia, se despierta y ruge,
entredormido en su fragor se ampara,

concupiscencia con amor no cruje,
entre las cosas que el Creador repara:
resentimiento con amor, deduje.

94 Premisa ufana

mayo 21 de 2019

Engrandecido por la gran faena
el gallinazo con afán celebra
inconfundible su botín, sin pena,
el huracán al que quizá condena,
se desperezа como gran culebra.

Desaparece de la vista huraña
en el momento de mayor refriega,
entrelazando su plumaje engaña,
ilusionado con premisa extraña
invitaciones a la agreste vega.

Acompañado por algún polluelo
despellejando de su piel la pluma,
atardeceres en el limpio cielo,
en medianoche cuando están en celo
hasta en la sombra el animal se esfuma.

95 Cuando el sol se pone

mayo 24 de 2019

Con el respeto que me infunde el celo
apaciguamos, sin afán la carga,
que, enardecido por principio, embarga
nos enloquece ante el menor recelo.

Ensombrecido por el propio anhelo
atormentado con violencia amarga,
entre las sombras se presagia larga,
en consecuencia, proyectada al suelo.

Aunque me digan que la sombra es buena
al sacrificio de la luz se impone,
inconveniencia de repente truena,

mas, entretanto, cuando el sol se pone,
de Apocalipsis la trompeta suena
y el firmamento ante el final se opone.

96 Sensación de coma

mayo 24 de 2019

Aunque la angustia con afán carcoma
indiferente lo que el cuerpo tiene,
indispensable lo que allí conviene,
imprescindible lo que de este toma.

Mas, por lo tanto a la pupila asoma
en cuanto pueda rebasar, si aviene
atormentado del dolor contiene
inaguantable sensación de coma.

Pero, consciente del dolor que aqueja
impresionada con la misma suerte
en consecuencia, se nos da la queja,

irremediable mi dolor sin verte
entre el desvelo que en el alma deja
ingenuamente se nos da la muerte.

13

Sáfico puro pleno

Acentos en 1-4-8-10

Llevo en el alma tus recuerdos dulces

Ta – ta -ta - **Ta** – ta – ta – ta – **Ta** - ta – **Ta** - ta

Lle**v**o en el **al**ma tus re**cuer**dos **dul**ces

97 Venga la paz

agosto 16 de 2018

Cuántas penurias atraviesa un cristo,
cuántos dolores me atormentan hoy;
sólo el recuerdo nos acerca al soy
este es por tanto donde sé que existo.

Heme soñando, del "pensar" provisto
lindos vergeles disfrutando estoy
sólo es de humanos, por el mundo voy
soy de la tierra y en la misma insisto.

Saltan las penas, desvanecen luego
viene la calma, en su silencio sueña
dicen que es mudo y además es ciego.

Venga la paz que, de la calma enseña,
vaya el fragor con su ruidoso juego
arda en la tarde, su flamante dueña.

98 Válgame Dios

junio 5 de 2019

¡Válgame Dios! la consecuencia es grave
nada en la vida se te da sin sal,
todo sofisma se te cobra suave,
muy lentamente como bien se sabe
es egoísmo lo que alienta el mal.

Quién en la vida se arrepiente y deja
un mal camino por que sea fatal,
quién, en memoria, de doliente queja
no se arrepiente de la culpa vieja
antes de hacer la ejecución final.

Reza en silencio mientras cunda el sueño,
es de memoria la expresión oral,
peca y empata del perdón es dueño
siente que todo se convierte en leño
ascua que quema al pecador leal.

99 Ascua

junio 13 de 2019

Ascua encendida de tu ardiente labio,
brasa quemante de tu boca en flor;
vaho candente de fatal resabio
tiene la magia del quelante ardor.

Chispa que salta como añil centella,
brillan pupilas cual radiante sol;
lucen brillantes con fulgor de estrella,
fluye su lumbre como en un crisol.

Cráter que flama con hirviente lava,
ruge tu vientre cual feroz volcán,
una borrasca de pasión socava
toda tu entraña con intenso afán.

Tiembla la tierra en su interior pujante,
hierve la calma cual candente mar;
pones al filo del amor quemante
un purgatorio donde iré a parar.

100 El manantial que traigo

junio 21 de 2019

Dónde te pongo el manantial que traigo
libre de cosas negativas, locas,
fuente de dulces perspectivas, rocas
duras que pasan sin ningún arraigo.

Peso y dureza de su esencia extraigo,
dulce y sutil cuando en amor te enfocas,
tierna y amante cuando el alma evocas…
yo mientras tanto hacia tu ser me atraigo.

Tenue temblor entre tu ser percibo,
sigo el resuello con compás sublime
todo en ti es firme, endurecido, vivo.

Sólo entre cuitas del amor se exime
alma, dolor, y corazón esquivo;
odio, rencor y maldición se exprime.

101 Cambio la vida

julio 3 de 2019

Cambio la vida por tu dulce beso
trueco la gloria por tu amor lejano
pierdo la gracia de tenerte ufano
gano la angustia de sentirme opreso.

Pido la muerte con afán, por eso
vago, en silencio, entre mi propio arcano,
Ley que de pronto se inventó el humano
ávido, airoso, multi-faz, travieso.

Trago que a sorbos multiplica el ansia
antes que nada, por doquier se escancia
muerte que llega prematura y suave,

trueco la gloria por aquesta gota,
lágrima humilde que silente brota
rueda, resbala taciturna y grave.

102 Labios de grana

julio 7 de 2019

Labios de grana, taciturnos, lívidos,
sueño con ellos, los encuentro: vívidos;
pongo en su copa, a su trasluz, escuálida
todos mis besos en manojos trémulos,
antes posaron en tus ojos émulos
luego cedieron a la sombra pálida.

103 Grávida

julio 9 de 2019

Vas por la senda con tu vientre grávido
cómo palpita, de ternuras ávido
un corazón que con afán mayúsculo
lucha tenaz por conservar ecuánime
toda esperanza que te deja exánime
antes de hundirse con aquel crepúsculo.

104 Pago con creces

julio 9 de 2019

Pago con creces lo que justo adquiero
quiero lo justo, por lo tanto, pago
todo con creces sin usar dinero.

Nunca con oro el pagaré divago
firmo con sangre al empezar el juego,
juego la sangre con que firmo aciago.

Pongo la firma, en el garito, ciego
voy de contado y si me pierden presto
todo a la fija sin hallar ni un ruego.

Pido, por tanto, como ser honesto
páguenme al menos con la paga justa
hoy ya no quiero compasión en esto,

tengan presente que de forma adusta
cobra en el mundo su valor sagrado
nunca se paga de manera injusta,

ese vocablo que dejó empeñado
ese pecado que mortal te pesa
todo el recaudo en el garito hallado.

14

Sáfico pleno

Acentos en 1-4-6-8-10

Tengo del sueño cada dulce luna

Ta - ta - ta - **Ta** - ta - **Ta** - ta - **Ta** - ta - **Ta** - ta

Tengo del **sue**ño **ca**da **dul**ce **lu**na

105 Tres diamantes

agosto 16 de 2018

Lindos calzados tú te pones antes
fecha importante es con té celebras,
nota importante, voy con tres culebras
quiero que estrenes hoy tus tres diamantes.

Quedan tan solo tres, los tres amantes
ánimo, amor y nunca des las hebras,
antes de dar la punta, ¿dónde enhebras?
fija el secreto y pára, son levantes.

Cuántos consigues hoy, mujer te arriesgas
sólo en tus propias cuentas, cuentas sesgas
todo te sale en pompas y hay misterio.

Guarda, tal vez mañana sea tarde
tengas la copa llena y bien te aguarde
toda una vida en sombras, sin criterio.

106 Agua fresca

febrero 10 de 2019

Hoy cuando está la alberca llena y pura
cuento con una gota de agua fresca,
nadie podrá negarse a tal frescura.

Tengo vacío el cántaro alma mía,
seco, en silencio espera ser ventura,
dicha perenne y sed calmarte un día.

Quiero llenar el ánfora esta noche
agua me vas a dar muy fresca y fría
quiero calmar la sed sin un reproche.

Hierve en mi boca seca toda fuente
que ha de calmar mi sed a medianoche
límpida fresca y pura e inocente.

Listo estaré por tanto en punto y hora
presto a beber el agua, limpiamente
has de apurar conmigo en plena aurora,

toda la noche es corta, sólo cobra
todo un color de rosa ¡Gran señora!
¡Calma mi sed ardiente que agua sobra!

107 Sexteto paralelo

febrero 10 de 2019

Clamo por todo loco, ansiado anhelo
clamo por cada raudo y medio vuelo
vuelo por cada ingenuo y dulce beso
beso por darte todo el gusto un día
día que luce ardiente vida mía
mía por tanto gozo labio opreso.

108 Umbral celeste

abril 29 de 2019

Noche como esta nunca aquí repite,
canto por no llorar amiga mía,
pronto acomodo habré en la huesa fría
quiero un lugar amable donde habite.

Siempre en eterno sueño bien dormite
este mi cuerpo enfermo en su agonía,
basta que al fin se llegue el claro día
este en "Apocalipsis" Dios nos cite.

Cuántos momentos hubo de vigilia
tantos instantes yo de insomnio tuve
eso a la larga a Dios me reconcilia,

subo al eterno claustro de un querube
siempre con un arcángel se concilia
traigo el umbral celeste de una nube.

109 Piltrafa

abril 29 de 2019

Huele con el hedor a carne rancia
ya se pudrió su pobre cuerpo inerte,
cena fue para el hambre de la muerte,
muerte para aquella hambre que la escancia.

Duele por el dolor de cada estancia
hálito de amargor y mala suerte,
baba del vil gusano, enzima fuerte;
vómito de la sierpe en la distancia.

Tumba que aloja sólo amargos sueños,
hueco que alberga pestes con ensueños
huesa de entraña oscura, fosas frías,

viejo cadáver, momia polvorienta,
cuervo que comes víscera mugrienta,
ñervo, a la muerte misma pudrirías.

110 La bala de oro

mayo 30 de 2019

Cuento con una bala de oro puro
es lo que a mí me queda de fortuna
viene lo que es el tiempo de la hambruna,
eso es lo que me queda se los juro.

Puedo jugarla al fin es peso duro
última carta es, me queda una,
puedo cambiarla bien o por ninguna
siempre será costosa, lo aseguro.

Ya la ocasión tendré de un buen asocio,
ya encontraré con quien hacer negocio
con la bendita bala entre mi saco,

hoy solución le hallé más bien severa
algo rompió mi pobre calavera,
dame la bala de oro, es un atraco.

111 Metáfora

junio 4 de 2019

Ten la mirada puesta al firmamento
quiero con ello dar mi gran sorpresa,
pon atención que clama la belleza,
mira se cuece un astro a fuego lento.

Veo descender un ángel al momento.
cruza la comba azul gran nube espesa
mientras el ancho cielo lo atraviesa
ángeles pueblan todo en el evento.

Tengo bien puesto el ojo en esa instancia
ángeles no vislumbro en la distancia
veo una luna, y nube que la abraza,

es la gran diferencia, por fortuna,
ve más allá el poeta, de la luna
ve el esplendor y encanto no su masa.

112 Clavo seguro

junio 4 de 2019

Clavo seguro el clavo que ahora clavo,
voy amparado en una nota fija,
de esta mi partitura soy esclavo
justo le ajusto justo la clavija.

Quién una estrofa aquí la desvencija,
deja una nota abierta, en un silencio
clave de fa, de do, de sol, elija,
se arma la partitura que conciencio.

Vaya la partitura que presencio,
unas silentes notas de ambrosía;
mudas, es lo que ahora reverencio
porque las veo sedientas de armonía.

Antes de que en la tarde muera el día
he encontrado, al fin, la nota aquella,
voy, en tanto, radiante de alegría,
es de mis obras finas la más bella.

15

Sáfico corto

Acentos en 4-6-10

Desesperado vengo de la guerra

ta - ta - ta - **Ta** - ta - **Ta** - ta - ta - ta - **Ta** - ta

De ses pe **ra** do **ven** go de la **gue**rra

113 Mi pellejo

agosto16 de 2018

Con el espectro fácil me conecto
en el espejo logro su acomodo;
como enemigo niégaselo todo
y como amigo heredas lo correcto.

En el supuesto margen lo perfecto
como el rescoldo apunta en el recodo
con el milagro a cuestas entre el lodo
y con el lodo encima en su defecto.

Entre las sombras vaga la esperanza
de recobrar, en vano la confianza
y remontarme al fondo del espejo,

en el momento menos relevante
se desvanece en forma escalofriante
porque el espectro soy con mi pellejo.

114 Diferencias

febrero 14 de 2019

Por el recuerdo mismo de tu encanto
te manifiesto a solas mis anhelos
si me atormentan mucho tus desvelos
intentaré lucirme con mi canto.

Inusitadamente y por lo tanto
mientras recoges limos de los suelos
en tu regazo llevas y a los cielos
el misterioso mito de tu llanto.

Entre tu afán y el mío hay diferencia
mientras el tuyo aviva la conciencia
en mi celaje brilla la cordura,

en tus recuerdos súbitos olvidos
y en los momentos más inadvertidos
en mis olvidos trazas de ternura.

115 Sin mástil y sin velas

marzo 29 de 2019

Navegaré sin mástil y sin velas,
sin timón;
me internaré en el mar, en su horizonte
verdeazul,
remontaré en un par de carabelas
con tesón,
los infinitos lares que confronte
de Estambul.

Soportaré la angustia, la zozobra
con rigor,
a la deriva iré con mis tinieblas
al azar
mientras del cielo nubes se recobra
con fulgor
se arremolinan, blancas como nieblas
sin cesar.

Navegaré sin rumbo en lo profundo
como ayer,
mas si bogar es cosa que a marinos
les va mal
Inundaré de sombras a mi mundo
por doquier
me acercaré al infierno en torbellinos
me da igual.

116 Amenazar al diablo

agosto 11 de 2019

Amenazar al diablo con la muerte
en circunstancia oscura mientras duerma,
se recomienda siempre tener suerte
porque en la sombra el diablo quiere verte
horrorizado y lleno de vacíos,
donde sus sueños son mis albedríos
mientras los míos son todo su fuerte.

117 Desilusiones

marzo 29 de 2019

Ilusionado voy para la guerra,
expectativas llenan mi coraza,
y si me muero vuélvanme a mi casa
a reposar dormido en la postguerra.

Que me sepulten lejos, en la sierra
en donde yacen seres de mi raza
los que de niños siempre van en masa
a contemplar lo agreste de mi tierra.

Desilusiones traigo en consecuencia
de lo que guerra expresa significa
en lo que atañe sólo a la conciencia,

desvanecerse ejércitos implica
permanecer constante en la impaciencia
porque la guerra todo magnifica.

118 Su distancia

marzo 29 de 2019

El corazón mantiene su distancia
y se conserva pleno entre su pecho
y se incomoda y llora ante un despecho
ni se detiene en grave circunstancia.

Palpitaciones fluyen en su estancia
remordimientos vuélvenlo un desecho
ilusionado siempre, aunque maltrecho
ante el perdón mantiene relevancia.

El corazón mantiene vigilante
bajo los cuatro puntos cardinales
las emociones típicas de infante,

su palpitar define bienes, males
en consecuencia, nunca es vacilante
de corazón yo soy tus ideales.

119 Luna pálida

julio 13 de 2019

Cuando anochece es pálida la luna
cuando amanece pierde su esplendor,
se desvanece, luego, como duna
para volver de nuevo a su color.

Mas, de la noche el hueco se hace cuna
donde se arrullan ángeles de amor
iluminando cielos por fortuna
para la comba oscura en derredor.

Enrojecida flor, eres figura
del firmamento allí donde fulgura
incrustación plateada en hondo hogar,

desde su fondo escuro, reluciente
iluminada y lúcida y sonriente
se desvanece, en tanto, al navegar.

120 En un instante

julio 14 de 2019

Con la esperanza puesta en el acaso
la incertidumbre surge a su compás,
si desde el Este anuncias tu fracaso
en Occidente tienes tu quizás.

Pero la duda es siempre el primer paso
que a la certeza afianza por demás,
si ante la duda apuntas tu rechazo
hacia la misma siempre volarás.

Con la esperanza puesta en el anhelo
y con los pies bien puestos en el suelo
en consecuencia, ves la realidad;

si tu fracaso cunde con la duda,
ante la misma luce y se desnuda
y del fracaso surge la verdad.

16

Sáfico corto pleno

Acentos en 1-4-6-10

Cuánto te cuesta estar embarazada

Ta - ta - ta - **Ta** - ta - **Ta** - ta - ta - ta - **Ta** - ta

Cuánto te **cues**ta es**tar** embara**za**da

121 Llanto y grandeza

agosto 17 de 2018

Sólo en la tumba pongo mi grandeza,
heme ¡Por Dios! aquí desde el levante,
he de morirme solo, aunque me espante
ver de mi propio llanto la tristeza.

Siempre con una imagen despereza
todo lo que hay en glorias adelante
cuenta conmigo y dime como amante
cuál de las veces pierdes la cabeza.

Es importante hacerle monumento,
darle en la vida todo lo que otrora
no le sirvió de gloria en su momento.

Vamos a hacer un gesto, se rumora
de esos que siempre tienen sentimiento
un despertar fogoso con la aurora.

122 Arreboles de la tarde

mayo 29 de 2019

Nadie podrá escapar a la ternura,
es como si escapara al agua fresca,
como la gota fina en su figura
cuenta con una nota de frescura,
nadie podrá ignorarla si refresca.

Brilla cual astro rey cuando aparezca
pleno de colorido en cada aurora,
gota cuyo cristal cuando amanezca
toma la misma forma así perezca
gota que se desliza hora tras hora.

Cuento con esa gota desde ahora,
quiero calmar la sed, aunque me alarde,
es de ternura un tris que cuando aflora,
puedo llenar allí mi cantimplora
con arreboles mustios de la tarde.

123 La calma necia

mayo 29 de 2019

Tengo la calma necia, alborotada
un corazón partido por la pena,
tengo el sopor, aún, de la verbena
y malestar horrendo de la amada.

Un candelazo manda la parada,
sólo el sabor del vino que enajena
vuelve a encender la brasa enhorabuena,
deja reseco el cuerpo en la alborada.

Sólo con una gota de ambrosía
puedo calmar mis penas, mis agravios
y la resaca cambia a la alegría,

sin colocar el dedo entre mis labios,
todo es silencio, no hay hipocresía,
tengo la calma necia, con resabios.

124 Mi próximo camino

mayo 30 de 2019

Quiero llegar airoso a tu morada
pleno, de amor radiante y de ternura,
quiero ocupar el tálamo que augura
dichas y dulces sueños en tu almohada.

Quieres quedar por fin embarazada
y has elegido el hombre con mesura,
cuán orgulloso estoy de la criatura
que he de sembrar en ti mujer amada.

Pulcra como una gota de rocío
dejas que todo marche a su albedrío,
pones en mis haberes tu destino,

acto solemne y puro a fuego lento
en el altar feliz de tu aposento
ha definir mi próximo camino.

125 Quién es quién

mayo 30 de 2019

Es el arrullo fiel a su muñeca
cuento de amor y canto destemplado,
nunca con esta vena aquí se peca
prima ante todo amor a su Rebeca
quién cuenta a quién el cuento mejorado.

Quién ante el canto triste señalado
ha de ponerse a tono una plegaria,
cuál de las dos muñecas encantado
debo escoger sin ir apresurado
quién es muñeca, quién es la contraria.

126 El filo de escalpelo

junio 27 de 2019

Tengo como una bola en la cabeza,
fuerte dolor me asedia, por lo tanto,
toda amargura aflora con el llanto,
todo escozor madura si embelesa.

Siento cuando una bala, que atraviesa
todo de punta a punta con espanto,
deja su hueca huella al camposanto,
es la mejor ofrenda a la grandeza.

Todo reposa allí cuando amanece
todo lo que se pierde o poseyese
póngase en holocausto que merezca

todo estará cubierto como un velo,
siento tenaz el filo de escalpelo
y… una mortaja blanca gigantesca

127 Cuando amanezca

junio 30 de 2019

Lánguido allí estará cuando amanezca
este mi cuerpo enfermo que se muere,
ávido del respiro que requiere
antes de que mi piel empalidezca.

Mientras el lazo al cuello te estremezca,
juega la última carta, la que fuere,
todo lo que hay en ti o se transfiere
o hasta la tumba misma se reduzca.

Cómo me tiembla el alma y me entristece
todas las amarguras no hacen daño
sólo te llega alguna y te estremece,

otras que son producto del engaño
son tan letales que algo permanece:
pone en aprieto al mismo desengaño.

128 Olvida, olvida

julio 1 de 2019

No me recuerdes hoy, olvida, olvida
no hay esperanza puesta en el regreso,
quémame el alma expuesta con tu beso
bésame expuesta el alma a la partida.

Párteme el alma en trozos, dolorida,
duélete de esta angustia que profeso,
cuento con ese olvido y ex profeso
quiéreme hasta la muerte enternecida.

Pienso: por qué olvidar lo que recuerdo
hay que olvidar mejor, en consecuencia,
siento, con gran amor, que en ti me pierdo,

válgame Dios, intuyo tu presencia
loco, tal vez estoy y el fruto muerdo
doy todo gran placer a la existencia.

17

Sáfico largo

Acentos en 4-6-8-10

Y si te cuesta tanto cómo insistes

ta - ta - ta - **Ta** - ta - **Ta** - ta - **Ta** - ta - **Ta** - ta

Y si te **cuesta** **tan**to **cómo** in**sis**tes

129 Mujer ajena

agosto 18 de 2018

En el comienzo todo amor es roca
en consecuencia, tú mujer ajena
enhorabuena bien te acercas plena
del insondable amor que Dios coloca.

En el silencio el mismo amor se evoca
porque a hurtadillas siendo luna llena,
si el adulterio nunca a ti te apena
el adorable ardor te vuelve loca.

Cuando en la aurora el sol allí aparezca
como si nada somos su agua fresca,
en el levante todo vuelve al tono.

Y como siempre sobra quién recuerde
si la conciencia justa no remuerde
nos separamos hoy sin un encono.

130 Por un acaso

julio 25 de 2019

Por un acaso dulce di contigo
en la penumbra vaga de mi sino,
en consecuencia abordo mi camino
embelesado, abanto y sin mitigo.

Embelesado, abanto yo persigo
enamorado, un tanto, ese destino
que entre tu senda misma yo defino
como el momento propio que hoy bendigo.

Entrelazada mi alma con la tuya
iniciaremos pronto esta partida
en el instante pleno que aún me arrulla.

Exactamente, a muerte allí convida
atardecer que en sombras bien diluya
amanecer verás esta alma en vida.

131 Al fuego

julio 26 de 2019

Con la nostalgia a flote vago ahora
condicionado a un sueño, sueño aflora
el elemento clave de esta vida;
mientras enhiesta el alma emprende vuelo
por los andenes propios, azul cielo
y encomendando a Dios aquella huida.

Cuando cabalga en pelo no halla brida
que con acierto amarre esa partida,
porque en su seno lleva cada pesa,
mas, por lo tanto, expresa cuánto vale
y encadenado al suelo así resbale
ablandarás al fuego tú princesa.

132 Tintes del ocaso

julio 26 de 2019

Cuando flamea en tintes rojo ocaso
irradiará, no más, el cielo ingente,
esparcirá en el orbe simplemente
lo que es capaz de dar en un acaso.

Fraccionará la tarde paso a paso
como arrecife herido allá en Oriente,
empalidece, en puntos un poniente,
destellará otros tantos su regazo.

Enriquecer la tarde con loores,
recuperar del mismo sus colores
que le alimentan ascuas siderales,

la sempiterna noche así es más larga
y por lo tanto el mundo se aletarga
cuando la cubren sombras nocturnales.

133 El resto de su vida

agosto 4 de 2019

Cuando una gota salta a una pupila
humedeciendo un alma toda helada,
entre sus huellas, algo, bien perfila
la sensación quemante, no asimila
que entre la sombra se halla oculta espada.

Se nos congela el iris todo, nada
se escapará, por ende, dando cuenta
del escozor que deja en tanto cada
afloramiento en llanto, gota osada
que, al resbalar, tal vez soltarse intenta.

Con el dolor se exprime cada afrenta
pues se resume el zumo en cada brida
mientras se cura el cuerpo ya lamenta
el alma gime, llora, no comenta
y se resigna el resto por la vida.

134 En la penumbra vaga

agosto 10 de 2019

En la penumbra vaga todo un cuento
que entre las sombras busca el acomodo,
en el ambiente flota triste todo
porque en el mismo yace todo cruento.

Si la tragedia vibra habrá lamento,
mientras la vida surja en un recodo
apoteosis surge grosso modo
en el umbral tan gris de mi aposento.

Donde la carne helada, es ya marchita
indispensable se hace orar, por tanto,
cuando en silencio mismo el alma grita,

se nos recuerda entonces el quebranto
la senectud no viene así proscrita
nos acompaña siempre al camposanto.

135 Desbaratada por la pena

agosto 11 de 2019

Desbaratada un alma tiene pena
su incertidumbre cunde, allí maltrata,
mas si la cubre un manto es cosa buena
porque en manojo es flor que ya cercena
reconociendo aromas no arrebata.

En lontananza, entonces soy pirata
que, en el acervo cruel de estos dolores,
entre la bruma espesa es escarlata
del vespertino lienzo se desata
el resplandor opaco sin fulgores.

Y por lo tanto surge, en fin, loores
que satisfacen toda dicha en pleno
incrustaciones de astros son mejores
entre vecinos, magos y señores
nos recomiendan todo vaso lleno.

136 Ante la Virgen

agosto 11 de 2019

Ante la Virgen santa yo me pongo
en actitud devota y solo, a diario,
mientras el rezo avanza a ti propongo
reconocerme, amar a todo usuario.

Mas, de rodillas rezo aquí rosario
ante tu altar colmado de claveles
de cuantas flores tomo siempre a diario
cuando recojo de estos mis vergeles.

En cuanto al alma, es tuya, y mil joyeles
como devoto pongo allá a tus plantas
bajo las viandas blancos son manteles,
sobre los cuales flores tú levantas.

18

Sáfico largo pleno

Acentos en 2-4-8-10

Apuesto todo mi dinero, todo

ta - **Ta** - ta - **Ta** - ta - ta - ta - **Ta** - ta - **Ta** - ta

A **pues** to **to** do mi di **ne** ro **to** do

137 La eterna sombra

Julio 29 de 2018

En todo el orbe, se estremece el cielo,
estrellas saltan de celeste alfombra,
se agita el cosmos y su vientre asombra,
dos mil joyeles los destapa un velo.

Palpita enhiesto su interior en duelo
explotan astros en la eterna sombra,
los pozos negros tragarán la escombra
digieren luego la materia en vuelo.

Y tiemblan fuerte siderales mundos
de aquí se escucha su silencio eterno
se miran quietos en su mar, profundos,

hoy ya se sabe entre su fuero interno
que allí se cuecen por doquier fecundos
los mundos vivos y hasta el mismo infierno.

138 Sonetus magnum

diciembre 12 de 2019

Sonetus magnum se me ocurre al acto,
catorce versos a cantarle al mundo,
un puño enorme, por demás profundo
de bardos gozan al menor contacto.

Me quedo corto, como en e ipso facto
atando cabos en los que hoy redundo,
bendigo al alba en cuya luz me hundo
la musa acude en tembloroso impacto

En modo alguno se pretende gloria
tan sólo basta con unir la pluma
en paz, holgura, fraternal memoria,

salud mis bardos, del champan la espuma
aquí invitamos a pacer la Historia
su propio pienso que a la vez la abruma.

139 Si yo pudiera

febrero 17 de 2019

Si yo pudiera contener mi aliento,
Si yo pudiera mantenerme a full
sería un loco que, al vivir contento,
sumido en brumas, en cualquier momento
volar quisiera por el cielo azul.

Sacar del mundo la terrible escoria,
oír el eco de su sacra voz,
hallar la fuente que movió la Noria
que fue el principio de su propia historia
y armó a la muerte con su extraña hoz.

Aquí yo espero que la misma muerte
persiga en vano mi radiante luz
y al mismo tiempo, y a su propia suerte,
allá en el cielo, por doquier acierte
seguir la senda que emprendió Jesús.

140 El rastro

febrero 17 de 2019

Persigo a solas por doquier tu rastro,
hallar no puedo tu sentida huella,
porque eres tú mi luminosa estrella
por eso adrede ante tu pie me arrastro.

Y queda claro que a la luz del astro
que así ilumina con su gran centella
fascina al alma que se mece en ella
la vuelve, luego en sideral camastro.

Se cierne en este con tenaz quebranto
un aire frío como gran castigo
que hiela el orbe con horrible espanto.

Hallar la muerte o encontrar mitigo
define al astro su febril encanto
que enhiesto luce como buen abrigo.

141 Senderos secos

marzo 10 de 2019

Senderos secos en desiertos huello
tal vez un fin, atravesarlos fuera,
la sed me agobia con su cruel resuello,
la contra llevo suspendida al cuello,
un viejo cristo que colgado espera.

Hurgar la arena para hallar mitigo
buscando el agua que la duna esconde,
en vano el ánfora sedienta sigo
buscando el sorbo que en la vida es trigo
haciendo intentos al final responde.

Anduve aciago, cabalgué en la arena
buscando el agua que mi sed saciare,
de pronto azota la tenaz faena,
la gran tormenta que de polvo es plena
que el alma y cuerpo su final depare.

142 Caminos nuevos

marzo 10 de 2019

Caminos nuevos, por doquier anduve
buscando el Alfa que conduce a Omega,
allí el espíritu al placer se entrega
colgado al ápex que soñando estuve.

Pegado a un lampo de la blanca nube
me vi volar sobre la agreste vega,
en tanto el alma con afán trasiega
buscando el ápice si al cielo sube.

Feliz la gloria, con medida es sana
habrá una diosa que en silencio acuda,
nos suba, empero, a tan feliz nirvana,

por esa senda que se ve, sin duda
emprende el viaje la expresión humana
caminos nuevos al final escuda.

143 En un madero

marzo 10 de 2019

Allá en la cumbre donde embiste el viento,
a un hombre adhieren a pesada cruz,
con sendos clavos se escuchó el lamento
fijarlo insisten mientras haya luz.

Asido al leño de los brazos, cruento,
silueta negra se elevó al trasluz
su cuerpo cuelga de la cruz, sediento
es un gran hombre, se llamó Jesús.

Ve aquel soldado, que su traje juega,
del cuerpo enfermo cuya vida siega
que un ángel llora sobre sus despojos,

un caso extraño, que jamás ha visto,
mirando al ángel que lloró ante el Cristo
brillante nube le cegó los ojos.

144 Donde nadie habita

marzo 11 de 2019

Durmiendo el sueño de mi propia muerte
en una tumba solitario estuve,
el cuerpo todo corroído tuve,
perdí la forma de mi cuerpo inerte.

Allá en la sombra del sepulcro vierte
aquel babear que del gusano obtuve,
ataca el cuerpo como espesa nube
en el sombrío de su propia suerte.

Pasado un tiempo entre la helada sombra
de aquella tumba, en su interior gravita.
lo que antes fuera pestilente escombra.

Distinto afuera, el carnaval se agita
la flor maquilla la elegante alfombra
que cubre un hueco donde nadie habita.

19

Sáfico difuso

Acentos en 4-10

Si te apostara mis desilusiones

ta - ta - ta - **Ta** - ta - ta - ta - ta - ta - **Ta** - ta

Si tea pos **ta** ra mis de si lu **sio** nes

145 Incertidumbre

agosto 19 de 2018

Con el pretexto de tus ilusiones
que se desprenden de tus fantasías
entre lamentos y melancolías
se descompensan nuestras emociones.

Reencontrándome con mis pasiones
como sonámbulo mis agonías
se me confunden con tus alegrías
cuando palpitan nuestros corazones.

Si se conservan tras los avatares
aunque la sombra de sus decibeles
se nos escape tras los luminares,

se nos florecen entre los vergeles
incertidumbres como en los altares
que se envejecen entre los laureles.

146 nuestros ideales

marzo 11 de 2019

Donde convergen nuestros ideales
se acallarían nuestras intenciones,
se acabarían nuestras relaciones
y volveríamos a ser normales.

Pero tendemos a nacer iguales
en el silencio de los corazones,
en la elocuencia de las sin razones
y en las razones de mis sin iguales.

Mientras asombre con mis liviandades
nuestras vivencias las que cuando afloran
inconvenientes son las realidades

desilusiones que se decoloran
y se encallecen con las necedades
comprometidas con la aurora lloran.

147 Razones y fantasía

agosto 4 de 2019

En los instantes en que recrudece
con mis dolores la melancolía,
son mis razones y mi fantasía
la circunstancia que las desvanece.

Mantengo a tono lo que me engrandece
en concordancia con lo que se ansía,
enhorabuena y hasta mediodía
reconstruyendo lo que me parece.

Porque en la tarde y hasta medianoche
cuando se oculta con su poderío
sin pesadumbre el vespertino broche

entre las sombras de mi firmamento
donde contemplo lo de mi albedrío
el alma acaba con el sufrimiento.

148 Si le apostara

agosto 16 de 2019

Si le apostara a mis desilusiones
en el momento de tu desengaño
seguramente sufriría el daño
cuando perezcan nuestros corazones.

A diferencia de las sinrazones
que me convierten, como el ermitaño,
con sentimientos de yacer huraño
ante el conjunto de mis emociones.

En un extraño se convierte el alma
cuando al perderse, por lo tanto, calma
los sinsabores de la cofradía.

Pero le apuesto, por la medianoche
entre las sombras donde sin reproche
habrá un mañana mientras se abre el día.

149 Cerebrotonía

septiembre 17 de 2019

Acomodada la melancolía,
apoltronada mientras se estremece,
entre neuronas donde se adormece
el pensamiento mientras corre el día.

Si le atañese, no lo contraría,
en la conciencia se desaparece
entre la caja donde resplandece
el amasijo cerebrotonía.

Y languidece el aletargamiento
cuando se torna como inexpresivo
como un hierático, remordimiento,

mas, sin embargo, mientras que concibo
que a toda angustia encomendarme intento,
producto ha, temperamento esquivo.

150 Hierática calcomanía

septiembre 18 de 2019

Cuando me oculto en la melancolía
y taciturno me desembeleso
enhorabuena me desenderezo
y la penuria es mi filosofía.

Con la hierática calcomanía
que con mi rostro libremente expreso
así enquistada por el embeleso
se guardarán como en la noche el día.

Mientras que todo por lo que dispongo,
ante la muerte con lo que propongo
mantengo a solas mi desesperanza,

mas sin embargo cuando se le aterra
el mismo cielo se declara en guerra
mientras se acerca hacia su lontananza.

151 Menosprecio

septiembre de 2019

Con la tendencia por el menosprecio
se nos comprueba la desarmonía,
y claramente, si es empero, necio
ante una estrofa como el serventesio
extrañamente se confundiría.

152 Melancolía

septiembre de 2019

Cuando se advierte la melancolía
que entre las sombras se desaparece
mientras el sueño nos la contraría
en un instante de cualquier gran día
la buena nueva: nos des entristece.

20

Sáfico difuso pleno

Acentos en 1-4-10

Antes te apuesto mis desilusiones

Ta - ta - ta - **Ta** - ta - ta - ta - ta - ta - **Ta** - ta

An tes tea **pues** to mis de si lu **sio** nes

153 Cómo te atreves

agosto 20 de 2018

¡Cómo te atreves a desengañarme!
mira que sufren nuestros corazones,
antes pagabas con desilusiones,
hoy me cancelas con amenazarme.

Salda tu cuenta hasta despedazarme,
págame, al menos con tus ilusiones,
déjame solo con mis decepciones
quiero yo a solas el recuperarme.

Mírate dentro de tus relicarios
sueños que riñen con tu desventura
flor de colores para cenizarios.

Pongo la cruz mientras que por ventura
cobro la deuda de mis honorarios
dejo constancia entre mi sepultura.

154 Todo se apuesta

septiembre 18 de 2019

Quiero apostarte mis intimidades
cientos de fichas y acomodaciones
son necesarias las desilusiones,
caen del cielo y por cantidades.

Antes te apuesto mis calamidades
todas desnudas las mis intensiones
tanto que incitan a genuflexiones,
estas te ayudan en tus tempestades.

Claro de luna, que resplandeciente,
tanto me activa la clarividencia,
hoy yo te apuesto hasta mi referente,

siento que al cabo la reminiscencia
es la ruleta que continuamente
gira en la vida, como consecuencia.

155 Las tunas

octubre 13 de 2019

Eres la causa de laceraciones
típicas tunas de los rosedales,
pringan espinas sin contemplaciones
clásicas púas en los corazones
hincan, por tanto, como los cañales.

Dejan secuelas hipo-epiteliales,
pican y pican por entre el pellejo,
dejan la huella de cañaduzales,
de hojas cortantes como de rosales
dulce prurito donde despellejo.

Cuento con todo lo que por añejo
rasco en el cuero hasta lo imposible
es la pelusa, la que como espejo
pongo en la púa desde mi reflejo
pringa que pringa, es inconfundible.

156 Plañideras

octubre 13 de 2019

Lloran las muertes en los funerales
dejan heridas en los corazones
siembran la angustia con sus sinrazones
hechas a duelo como manantiales.

Cálidas, trémulas y sin iguales
mundos en alas de constelaciones,
hechas a imagen y a sus intenciones
todas como entes super-zodiacales.

Lloran las muertes como plañideras
rezan en llanto con su condolencia
notas tan lánguidas y pendencieras,

gimen dolientes, con impertinencia
van adelante de las montoneras,
gozan del lloro de la concurrencia.

157 Decepción

octubre 5 de 2019

Eres la causa de mis decepciones,
eres el fuego de este tu volcán,
cómo apagarlo si mis intenciones
rayan con todas mis desilusiones
quémame el alma, pero sin afán.

Eres la causa de mi desventura
eres la lágrima que no brotó,
cómo enjugarla si la conjetura
dice que al filo de la sepultura
esta, tu lágrima, desvaneció.

158 la paloma

octubre 5 de 2019

Una paloma que se desvanece
sola en el cielo sin orientación,
vuela sin rumbo, se desaparece
vuelve y retorna mientras languidece
llora su pena con desilusión.

Nunca se sabe de su itinerario
nadie conoce, por lo regular
rutas trazadas, en lo necesario,
puntos precisos entre su inventario
puntos que impiden donde trasegar.

159 Melancolías

octubre 5 de 2019

Cántaros llenos de melancolías,
cíclicos ríos de acontecimientos,
físicos puntos de remordimientos,
trémulos pasos hacia las manías.

Nunca equilibrios los encontrarías
prenda del alma, con tus miramientos,
dime con cuáles de tus argumentos
logras el fuego de tus alegrías.

Sólo y sediento por entre la sombra
vago en silencio, mas lo que me asombra
triste me pone como consecuencia,

todo se torna como desafiante
¡Válgame cielo! pues lo escalofriante
es lo que aportas desde tu conciencia.

160 Cuántos tormentos

octubre 13 de 2019

Cuántos tormentos, al arrodillarte
muestran solemne desesperación,
cuántos intentos por recuperarte
ponen al alma como el estandarte
paz en la tumba sin vacilación.

Miro la tumba donde se conjugan
llanto y congoja por obligación,
dejo, al acaso si se congratulan
cada momento donde se estimulan
lívidos labios donde no hay pasión.

Dulce añoranza me perturba el ansia,
ansia que nunca es imaginación,
triste añoranza con el alma escancia
vino, del vino que le da arrogancia
vida que es muerte para el corazón.

21

Sáfico inverso

Acentos en 1-6-7-10

Lloro como si ya todos se fueran

Ta - ta - ta - ta - ta - **Ta** - **Ta** - ta - ta - **Ta** - ta

Llo ro co mo si **ya to** dos se **fue** ran

161 Lloro

agosto 20 de 2018

Lloro porque quizá venga la muerte
ávida con su hoz, causa de espanto,
velo porque al trasluz tenga su manto
toda la condición ángel de suerte.

Es para mi dolor no poder verte
ímpetu que, al fragor, aun, por lo tanto
guarda en su condición todo el encanto
listo para lograr más conocerte.

Vago por la extensión llena de brumas,
vuelo por el confín menos volado
cielos que con su azul cubro de espumas.

Río porque quizás soy bienhadado
eso la explicación tiene, que esfumas
siempre que la ilusión vuelve a mi lado.

162 Nada concreto

febrero 20 de 2019

Cuervos que en su volar ven desde lejos
toda elucubración que hay escondida,
vibro por el amor son sus reflejos
que antes de fenecer tildan de viejos,
vaya contemplación, es por la vida.

Nunca podré objetar nada concreto,
cuento con el amor de otros veranos,
oro por los que ya fueron objeto
de una conspiración, soy el secreto,
de una constelación soy sus arcanos.

Suelta tu lagrimón antes que tarde,
nunca para lanzar gotas de fuego
si una desilusión te hace cobarde
una genuflexión y un Dios te guarde
sirven de reflexión ante tu ruego.

163 Comparación

abril 12 de 2019

Vibro con la ilusión cálida y pura
de una elucubración casi perdida,
deja en mi corazón yaga la herida
acto de contrición todo depura.

Una constelación es tu figura,
límpida cual la luz de aura encendida,
simple como la flor que hay escondida
tras de la floración ante Natura.

Viva coloración son tus sonrojos
cuánta satisfacción brinda tu boca
tanta es la radiación que hay en tus ojos

toda comparación raya al absurdo
hago mi reflexión si se equivoca
este, mi corazón a quien aturdo.

164 Una desilusión, un…

septiembre 22 de 2019

Una desilusión, un desengaño
tienen al corazón triste y vencido,
nunca me imaginé tonto y perdido,
siempre resistiré, todo es engaño.

Siempre me mantendré triste y huraño
antes de que me des, ángel, olvido,
sólo en el firmamento hago mi nido
nunca descubriré qué me hace daño.

Hoy con desilusión pierdo la vida
toda esta sensación antes perdida
quiero recuperar, antes que nada.

Traigo aquí a colación esa palabra
mágica que me sé: *Abra cadabra,*
cálmase mi dolor, a tu llegada.

165 Cuánta desilusión

octubre 15 de 2019

Cuánta desilusión cabe en el mundo
dándose por amor bien concebido,
dándole al corazón yermo y vencido
todo lo que es dolor de amor profundo;
luz que bajo de un sol grande y fecundo
da la iluminación a este escondrijo,
valga la devoción, un crucifijo
salva la situación antes de viejo
rostro del que jamás siente es perplejo
todos desheredados por lo tanto,
buscan el "*paz descanse*" en camposanto
dónde depositar hueso y pellejo.

166 Amor y desengaño

octubre 15 de 2019

Siempre donde hay amor, hay desengaño
porque si hay buena luz siempre hay penumbra,
cuánta luz haya aquí, cuánto se alumbra,
cuánto amor haya aquí, ya me hace daño.

Hoy con desilusión soy ermitaño
viajo en la lobreguez que hoy se vislumbra,
toda esta languidez ya me acostumbra
antes de un *bien-morir* a un cuerpo extraño.

Canto, por deshacer esta amargura,
hondo en mi corazón hace su nido
y abre como una flor con su frescura,

cierra cual ataúd ya concebido
guarda, cual Querubín dicha criatura
dando seguridad a un fallecido.

167 Espejismos

noviembre 29 de 2019

Toda celebridad es un invento,
luce a cabalidad, cómo florece,
vive en la plenitud porque aparece
plácida en la quietud de un firmamento.

Luce como la bella un detrimento
lumen para un "*don cuán*" qué les parece
siempre que no haya leña bien decrece
pronto en su pedestal, todo es lamento.

Nunca en celebridad hay dicha plena,
honda en la infinidad ve sus abismos
vuela en la oscuridad, cuánta es la pena,

surgen, sobre de sí, sólo mutismos,
fama que poco dura tenla buena
todo lo de tu haber son espejismos.

168 Con los brazos abiertos

noviembre 29 de 2019

Nunca en la oscuridad veo mi sombra
hoy sin embargo aquí, todo la acrece,
siempre en la lucidez ella aparece,
nunca en la soledad nadie la nombra.

Es, como de la luz, todo sea euforia,
vaga sobre la mar ola sin vida
sola se ha de observar espuma fluida
que ha de desvanecer siempre la escoria.

Siempre tenga el candil que yaga enfermo
presto a que un paladar ávido y loco
ponga en su plenitud todo de un poco
y haga restablecer todo lo yermo.

Vaya desilusión, todo es engaño,
todo en el interés tiene su precio,
pago con gratitud tanto desprecio,
cobro sin interés, aunque haga daño.

22

Vacío puro

Acentos en 6-10

Como si se marcharan mis tristezas

ta - ta - ta - ta - ta - **Ta** - ta - ta - ta - **Ta** - ta

Co mo si se mar **cha** ran mis tris **te** zas

169 Libres de aguijones

agosto 20 de 2018

Entre las condiciones que me pones
para desempeñarme, si te alejas
como si se marcharan las abejas
nos aprovisionamos de aguijones.

Mientras en la mañana predispones
las consideraciones que manejas
entre la incertidumbre te asemejas
a la contradicción de que dispones.

Porque si estupefacto me quedara
entre la marejada de tu vida
como si en entredicho disfrutara,

por el remordimiento que se olvida
si con la pesadumbre se quitara
con el sometimiento se descuida.

170 Atardeceres severos

enero 31 de 2019

Cuando se manifiestan los resabios
en la constelación de mis tequieros
como si se marcharan tus agravios
mientras la condición esté en tus labios
nuestros atardeceres son severos.

Los incondicionales, los luceros
en el atardecer de mis ensueños
entre los nubarrones van sin peros
como si se tratara de jilgueros
que entre desilusiones tienen sueños.

En cuanto a mantener labios risueños
que ante la sociedad se facilita,
entre los nubarrones marfileños
en los atardeces antioqueños
como en los cementerios se marchita.

Con la desilusión se debilita
enloquecida gana para fiesta,
cuando con la tiniebla se le incita
con la delicadeza en que se invita
en nuestro corazón se manifiesta.

171 Holocausto

marzo 22 de 2019

Con la genuflexión que se amerita
en la contemplación de mi Sagrario
quien en su donosura te palpita
en sus investiduras se marchita,
con las divinidades, solitario.

En cuanto al holocausto, lo primario,
entre los elementos, asevera,
que si en el sacrificio, aunque precario,
el arrepentimiento es necesario
en la concupiscencia placentera.

172 En nuestro firmamento

octubre 22 de 2019

En nuestro firmamento de ordinario
entre las espesuras sin querellas
son tan resplandecientes las estrellas
como la brillantez que se ve a diario.

En la profundidad se ve un rosario
de donde se descuelgan las centellas
y se desencadenan cosas bellas
en la complejidad de su inventario.

En representaciones estelares
aunque en el firmamento se naufraga
con el equipamiento de oculares,

cuando en el firmamento se deshaga
con reconocimiento entre sus mares
el agujero negro se los traga.

173 Malezas y abrojos

octubre 21 de 2019

Desesperadamente y sin enojos
como si se marcharan las tristezas
de los remordimientos y asperezas
son los recuerdos gratos los despojos.

Bajo las inclemencias los abrojos
se reconciliarán con las malezas
que se levantarán de sus bajezas
y se reflejarán entre tus ojos.

Bajo la gota lánguida del llanto
cuya definición te dignifica
entre el mero discurso del quebranto,

con la genuflexión que significa
la recuperación de dulce encanto
la reconciliación te simplifica.

174 La mansarda

noviembre 30 de 2019

Mientras en camposanto se nos guarda
cuando con la conciencia se vislumbra
entre la soledad y la penumbra,
el Todopoderoso nos aguarda.

En cuanto a la consecuencia, es la mansarda
por donde se nos cuela quien deslumbra
lo que la omnipotencia nos alumbra
en el atardecer, es para que arda.

Entre melancolía y su tormento
para que los arcanos sean cimiento
como cuando se reza en consecuencia,

en cuanto a la abundancia del precario
entre las cuentecillas del rosario
se nos desacomoda la conciencia.

175 Intento literario

noviembre 30 de 2019

Si parafraseando tu poema
entre la pulcritud que te percibo,
en la melancolía te describo
como cuando nos vamos al problema.

Mas la misericordia es el emblema
que cuando menoscaba entre lo vivo
sobre la obra maestra que recibo
auto desescribir es el esquema.

En la disertación en solitario
en consideración pongo la huella
con el emprendimiento solidario

en recuperación su itinerario
bien nos deja entrever la pluma bella
por lo que es el intento literario.

176 Arrepentimiento

noviembre 30 de 2019

Cuando en el firmamento el tiempo avanza
entre los nubarrones te perfilas
en el atardecer de tus pupilas
el acontecimiento es esperanza.

Cuando depositamos la confianza,
entre las espesuras te adormilas
en la desilusión que no asimilas
con tu remordimiento en lontananza.

El reconocimiento es importante
el acontecimiento lo amerita
mientras se recomienda algo tajante,

cuando en el firmamento el cielo grita
entre las comisuras del levante
nuestro arrepentimiento al cielo invita.

23

Vacío largo

Acentos en 6-8-10

Como si se perdiera todo encanto

ta - ta - ta - ta - ta - **Ta** - ta - **Ta** - ta - **Ta** - ta

Co mo si se per **die** ra **to** doen **can** to

177 Hasta el poniente

agosto 20 de 2018

De nuestras decisiones hoy me informas
ante tus condiciones quedo quieto,
si ante tus conclusiones hallas normas
entre las competencias hay reformas
porque en la incertidumbre se halla el reto.

Cuando en el corazón estalla el veto
mientras en la penuria el alma llora
desilusiones surgen, si es escueto,
mas si se compadece y hay respeto
con nuestras ilusiones bien se implora.

Cuando en la madrugada luz aflora
por lo que se refleja en albo Oriente
cuando con la pasión amor deplora
desaparece en una buena hora,
desde el amanecer se va al poniente.

178 Reconciliación

marzo 17 de 2019

Cuando mis ilusiones yo contenga
bajo la condición que el alma evite,
mientras mi corazón por ti palpite
se manifestará lo que hoy convenga.

En cuanto a devoción a Dios se tenga
por lo que nos concierne, amor se grite
entre la bendición que el Hado emite
en los aconteceres bien mantenga.

Bajo intimidación el alma implora,
mientras se desembruja vuelve al nido
que desesperanzadamente añora,

el entretenimiento ya es manido,
el ensimismamiento allí deplora
la reconciliación con un olvido.

179 Sin consideración

marzo 17 de 2019

Sin consideración la tumba fría
su itinerario cumple el tiempo todo
por lo que corresponde noche y día
como la maldición que en ella había
con la resurrección se hará acomodo.

De la melancolía en un recodo
la solidaridad confluye en mora
su consecuencia el brillo que en el lodo
se desencadena de algún modo
con las desilusiones de esta hora.

Si nos encomendamos desde ahora
con la concupiscencia que hoy nos muerde
enardecidamente el ser añora
mientras cuando en amores se atesora
en los remordimientos bien se pierde.

180 Ideas

marzo 25 de 2019

Por la desilusión que causa impacto
en consideración propongo ideas,
con elucubraciones e ipso facto
mis recomendaciones doy exacto
ante tu circunstancia, eso deseas.

Bajo las condiciones que hoy planteas
como quien su sendero bien camina,
entre tu itinerario a mí rastreas
mas en conocimiento tú recreas
lo que en resentimiento mal termina.

181 Todo es hastío

abril 23 de 2019

En cuanto se perdiera todo encanto
ente las maravillas de un paisaje,
mientras estremeciendo el alma encaje
incondicionalmente habrá quebranto.

Por lo que se recuerda tanto, en tanto,
entre las hojarascas del ramaje
por lo que se vislumbra en el follaje
rejuvenecerán a paso abanto.

Mientras se precipita allí el rocío
por entre los juncales y bejucos
se reverdecerán hasta el estío,

mientras en la montaña son caducos
a la desolación, todo es hastío,
por lo que comprendemos son malucos.

182 Por reflejos

octubre 16 de 2019

Antropomorfizando a todas luces
desencolerizado te reduces,
desmelancolizando llego lejos,
las atribulaciones son tormenta
mis consideraciones son la afrenta
ante arrepentimientos por reflejos.

Impersonalizables mis manejos
intelectualizaba en sus espejos
particularizando sin reproche
autosugestionado en el camino
responsabilizando mi destino
tras las oscuridades de la noche.

183 En la llantomanía

octubre 16 de 2019

Mientras se inmortaliza el ser humano
con su melancolía siempre carga,
en la llantomanía bien descarga
las multisensaciones de su arcano.

Cuando las sensaciones van al grano
y consecuentemente nos embarga
en entredicho dejan a la larga
misericordemente su desgano.

Entre lamentaciones hay historia
y entre recordaciones hay olvidos
se nos descompagina esta memoria,

cuando en melancolía van hundidos
se nos inmortaliza hasta en la escoria
los que incansablemente van perdidos.

184 Latidos legos

octubre 16 de 2019

Entre la medianoche y todo el día
mientras nos ilumine un astro guía
se compadecerán las sombras negras,
y se recogerán en una nube
las consideraciones que yo tuve
para que al fin y al cabo mi alma alegras.

Se compadecerán las negras sombras
mientras que en el silencio tú me nombras,
cuando los corazones laten ciegos
como en los entrepechos ya marchitos,
desesperadamente son proscritos
porque en cuanto a latidos se hacen legos.

24

Dactílico puro

Acentos en 4-7-10

Si ante la luz se le mira la sombra

ta - ta - ta - **Ta** - ta - ta - **Ta** - ta - ta - **Ta** - ta

Sian te la **luz** se le **mi** ra la **som** bra

185 Lo impuro es bien puro

Julio 21 de 2018

Si desde el alma se mira lo bello
cuando se exhibe en silencio y sin pena
nos engrandece, por tanto, y serena
lo que angustiante se siente en el cuello.

Pues se percibe en la nuca el resuello
de quien propone la gracia que es buena,
por el contrario, si todo enajena
hasta lo feo es hermoso, descuello.

Como se mire el asunto, se sabe
entre las cosas nefastas, auguro
que hasta el veneno en lo bueno nos cabe,

lo que se ve como mal, aseguro,
que, aunque en el alma también menoscabe
desde la misma lo impuro es bien puro.

186 Enjambres

Dactílico puro: 4-7-10
agosto 20 de 2018

Con el cultivo de hermosos jardines
desencadenas perfumes fragantes,
se corroboran amores distantes,
se rememoran historias afines.

Si se engalanan cual bellos delfines
en la hojarasca terminan flamantes,
se consideran también importantes
pues en instantes ya son comodines

Si entre el vergel se cercenan las flores
las mariposas que besan estambres
ya no vendrán a libar sus sabores,

se perderá por igual la raigambre
que de la flor son sus vivos colores
de las abejas se nutren enjambres.

187 Comenta la gente

diciembre 1 de 2019

Si ante la luz se perfila la sombra
enhorabuena un amante se augura
si se percibe galante y te asombra
cuando atraviesa sentidos, te nombra
y se ilumina la dulce figura.

La deferencia de aquella criatura
muy quedamente en el alma se siente,
si resplandece empotrada y madura
y se acomoda y comporta su altura
el mismo Eros propone simiente.

El amor nace, comenta la gente
cuando se observa iniciarse en pareja
pero se muere comenta imprudente
cuando con otra persona se siente
el vespertino soplar del poniente.

188 Linaje

diciembre 1 de 2019

Cuando se tiene conciencia absoluta
de lo que guarda en el alma el ancestro
se complementa en el gene, en el estro
con su bagaje de Historia impoluta.

El historial que jamás se ejecuta
cual biblioteca perdura en lo nuestro
cuando aparece algún rasgo demuestro
que entre los genes el alma se enruta.

Pero lo extraño en el propio linaje
como si fuera un milagro en el viaje
se manifiesta algún rasgo escondido,

encadenado a su Historia ya estaba
lo milagroso, el encanto se acaba
entre los genes el rasgo es dormido.

189 ¡Misericordia Señor!

diciembre 1 de 2019

Misericordia Señor te mendigo
acariciando la cruz en mi mano,
arrepentido y doliente este anciano
en su amargura comparte contigo.

Al acostarse no encuentra mitigo
que entre la sombra desgarra su arcano
al confesarme ante ti soy cristiano
el Santo-cristo lo llevo conmigo.

Pero las cuitas que escondo en alma
que me revuelcan, me quitan la calma
y me convierten en víctima a muerte,

el corazón que se ve en mal estado
de angustia plena se encuentra agobiado
en el altar te lo pongo a tu suerte.

190 Si me dejaras

diciembre 1 de 2019

Si me olvidaras de un tajo muchacha
me moriría de amargo quebranto
desilusiones se suman al tanto
si me dejaras de un todo, qué racha.

Melancolía la frente te agacha
entre su lecho la fiebre es con llanto
porque en angustia es silencio su canto
y cabizbajo desdice su facha.

Si te acordaras de un tajo del hombre
que conmovido a la parca se acerca
sin que en el mundo ya nadie se asombre,

en el discurso cualquiera te alterca
aunque en silencio ya nadie te nombre
pero en tu cántaro hay agua de alberca.

191 Crucificado te he…

diciembre 1 de 2019

Crucificado te he y es por eso
que arrepentido me acerco a tu lado
y, en consecuencia, ante ti estoy postrado,
adoración mi Señor te profeso.

Arrodillado en tu altar me confieso
acariciando con celo un pecado
arrepentido, tal vez, lo haya estado
pero me queda el consuelo del beso.

Te pertenece, de amor está llena
con humildad y ternura me abraza
en su convento de asedio está plena,

pecaminoso este amor, me amenaza,
con penitencia yo purgo la pena
aunque en el fuego me queme la brasa.

192 Florero de amor

diciembre 2 de 2019

Cuando la muerte a la frente se asoma
por la pupila la vida se escapa
no hay otra forma que ponga la chapa
y se proteja este cuerpo de un coma.

Pero la linda carita es aroma
que con la flor que engarcé en la solapa
donde la dulce fragancia la atrapa,
el protocolo del seso no es broma.

Con el, de rosas, hermoso manojo
del que quisiera poner unas cuántas
para adornar tu carita y mi antojo,

cuando se sienta acortar las tirantas
centelleará de la flor su despojo
en el florero de amor de tus plantas.

25

Dactílico pleno

Acentos en 1-4-7-10

Flores con tantos perfumes atraen

Ta - ta - ta - **Ta** - ta - ta - **Ta** - ta - ta - **Ta** - ta

Flo res con **tan** tos per **fu** mes a **tra** en

193 La nota

agosto 21 de 2018

Siento que el tiempo se acorta en el sueño,
todos tus retos son magnos, agrego,
hombre de pocas palabras soy dueño,
todas las cosas superfluas desdeño,
pongo en la mesa la carta del juego.

Tengo en mi apunte la nota en que ruego
ser la constante y amante figura,
soy entre todas las piras el fuego,
ardo entre brasas chispeantes que luego
he de apagarla de forma segura.

Todo en la vida es un sueño, se augura,
tiempo y espacio se esfuman temprano
tiro la nota en silencio, es basura,
cárgase el alma de acerba amargura,
nunca en invierno se vive el verano.

194 La flor especial

enero 30 de 2019

Flores de tantos alegres colores
mueren en un ramillete floral
rosas, jazmines, repletas de olores
cuántos aromas, fragantes vapores,
saltan del ramo en momento banal.

Álgido tiempo al jardín se le espera
único instante en la flor ideal,
sólo el botón que florece en la antera
apto será pues de alguna manera
tiene vigencia en momento crucial.

Sendos aromas perfuman el aire
cunde la flor en momento especial,
íntimas, pulcras inspiran donaire,
sólo se arranca la flor con desgaire
siendo marchita y ajada, es letal.

195 Un querubín

marzo 26 de 20119

Cuentan que hallaron repleta de flores
esta, mi tumba, con místico albor,
viéronla abrirse en diversos colores,
pétalos sueltan fragantes olores,
todo es aroma -en la cripta- de flor

Dicen que un ángel la tumba custodia,
pide silencio con gran devoción,
cunde en un verso solemne rapsodia,
rítmicamente excelente prosodia
duerme sus sueños en cada rincón.

Cuentan que al ángel han visto en la aurora
antes que el sol ilumine el confín,
pétalos blancos regar como otrora
plácidamente lo hiciera en su hora
bello durmiente que es un querubín.

196 Un reparo

octubre 16 de 2019

Cuántos momentos nos guarda la Historia,
esos secretos que causan desdén,
siempre se borran allá en la memoria,
salvan acasos que no se prevén.

Ir con sigilo al meollo del tema,
dar como caso perdido el afán,
ver hacia dentro control del sistema
nunca hablar más, ni insinuar ademán.

Tímidamente se acalla su lengua
esa que nunca en matices se ve,
oigo al momento el murmurio se mengua,
cunde silencio que un sordo prevé.

Surge un reparo, la lengua castiga,
todo en su modo de súbita fe
tiene, también, su presunta enemiga:
ser viperina maldita, lo sé.

197 En penumbras

noviembre 17 de 2019

Ávido, en vano, de ser lo que añoras
arde, en mis venas, la dulce esperanza,
era un presagio mostrado a ultranza
que, antes de todo, magnífico afloras.

Antes que nada, de súbito imploras
lánguidas notas de paz y bonanza,
alma de mi alma que apenas avanza,
trata de hacerte feliz como otrora.

Poco a poquito te lanzas inerme
pálida garza que al celo te encumbras
cómo te atreves enhiesta a ofenderme,

ya ni siquiera en mi mente vislumbras
todo el quebranto que aflora al tenerme,
lejos del ángel que adoro, en penumbras.

198 Mustia corona

noviembre 17 de 2019

Guarda la pena que huraño resistes
fiel corazón que de antaño provienes,
ven yo te abrigo en mi pecho, allí existes
ven, te cobijo, de aliento revistes
toda tu vida que son parabienes.

Mustia corona que ciñe mis sienes,
miles de tunas agudas ostenta,
místicas flores de zarzas contienes,
siempre que guarden la frente previenes
si un pensamiento malvado revienta.

Tanta amargura clavada te alienta
todo el pudor que de plano revelo,
ver lagrimones amagos lamenta
una avalancha de penas que intenta
verlos verter de tus ojos de cielo.

199 A tus plantas

noviembre 19 de 2019

Pongo a tus plantas mi humilde morada
es lo que tengo en mi haber como ofrenda,
todo el amor que profeso es la prenda
caro garante mujer adorada.

Tengo en el alma mi fe consagrada
cantos y trinos del campo me agenda
pone a mi juicio tu ruta en mi senda
hace que todo en el mundo te invada.

Hierve, en silencio, la cándida esfera
todo se quema como una pavesa,
vuelven las noches oscuras que quiera,

siempre que encuentre una noche como esa
quiero ponerme de nuevo a la espera
basta tener esperanza siquiera.

200 Cuello de nácar

noviembre 21 de 2019

Cuello de nácar de fina tibieza,
luces desnudo, sin prenda hay alerta,
tientas al labio a solemne reyerta
es otra forma en que el cuello embelesa.

Quién a tu cuello, en silencio, no besa
quién, ante el beso temblando lo acierta,
hurgo en el alma sedienta y experta
todas las formas que loca atraviesa.

Cuello de nácar que augusto se yergue,
fiebre quemante de brasa el albergue,
labios ardientes de fuego en espera,

pulcros los besos galopen sedientos
antes que nada, en montura a los vientos
sueñan, de paso, quemarse en su hoguera.

26

Dactílico corto

Acentos en 2-4-7-10

De todo amor se nos queda un recuerdo

ta - **Ta** - ta - **Ta** - ta - ta -**Ta** - ta - ta - **Ta** - ta

De **to** doa **mor** se nos **que** daun re **cuer** do

201 Humilde sombrío

agosto 21 de 2018

Con cada amor que yo apuesto lo pierdo,
de cada flor sólo queda su aroma
la vida es eso, no más, un recuerdo.

Y simplemente, por simple me toma,
la guerra es juego, yo juego en la guerra…
allá en el campo la gloria se asoma.

Si no se nace con sino en la Tierra,
echar la suerte, sortear la batalla
es siempre un riesgo al que nadie se aferra.

Y voy de frente a tumbar la muralla
que es postrer y total desafío
por ver la gloria, hasta el triunfo se ensaya.

Por eso digo que aquel poderío
que prueba el gran contendor en la apuesta
será mañana un humilde sombrío.

202 En qué momento

septiembre 5 de 2018

En qué momento perdimos la guerra
que en otro tiempo ganó la cordura
en qué lugar la batalla es oscura
en cual rincón se estremece la Tierra.

Llegó el instante en que el sol nos aterra
y mala suerte después nos augura,
aljibe seco, silente criatura
a cada gota sediento se aferra.

El agua fresca la sed no conoce
calienta, al fin y también desconoce
el mismo sol ignorante es que alumbra

la sombra misma que oscura no sabe
opaca lumbres así menoscabe
el brillo pulcro por una penumbra.

203 Dos claveles

enero 30 de 2019

Con dos claveles te ofrendo amor mío
el dulce beso que alegre perfuma
el labio mío que seco me espuma
ardor quemante del cálido estío.

Así el levante en su libre albedrío
aquella nube que el alma me abruma
podrá borrarse, si al cielo se suma
allá en su mar sideral mi sombrío.

Los dos claveles que pongo gustoso
ante tu labio que luce glorioso
fragante beso lo envidia la flor

si tú colocas la flor en tu boca
el beso tiene intención que provoca
anhelo, angustia, paciencia, dolor

204 Del mismo amor

octubre 18 de 2019

De cada amor se nos queda el recuerdo
recuerdo que hace infeliz nuestra vida
nos deja, en tanto, por siempre la herida
si amor acaba, la dicha la pierdo.

Amor perdura, en silencio va lerdo
avanza lento en su ruta escondida,
la nieve cubra al final su guarida
conserve así la conciencia de un cuerdo.

Por eso siempre que amor se cultive
que no haya nada que al mismo haga daño
se es feliz, entre mimos se vive,

en cambio, si hay discrepancia y engaño,
del mismo amor que se da se recibe
amor, angustia, dolor, desengaño.

205 ¡Qué contraste!

noviembre 12 de 2019

Jamás coloques la flor en mi tumba
recuerda ingrata que en vida me odiaste
mas ten presente a la gloria llegaste
y aquí en mi mente un adiós aún retumba.

Se va mi masa a una gran catacumba,
la tuya a urna especial, ¡Qué contraste!
así a mi cuerpo tu cuerpo lo aplaste
mi alma vuela, a la tuya sucumba.

Helados ambos jamás acaloran
tampoco cruzan sus cuerpos suplicios,
en urna o tumba las dos sólo moran,

así las almas traspasan resquicios
igual de simple en el fuego se doran,
pagar las penas de amor son indicios.

206 Hendir

noviembre 15 de 2019

Engañan siempre tus ojos de eslavo,
si tú espabilas se apaga su lumbre,
y todo aquello que el alma vislumbre
como una sombra se apagan al cabo.

Al fin de cuentas si no hay menoscabo
qué importa entonces que a oscuras deslumbre
y a solas vuele muy alto, en la cumbre,
no ser, por tanto, ni tu amo ni esclavo.

Perturban sólo de amor el acerbo
y en un manojo de rosas esconde
la fina púa que oculta la observo,

que en mí se hienda, del ser, no sé dónde
conjuga hendir porque al fin es el verbo
que hincando pleno, al amor corresponde.

207 Canas benditas

noviembre 15 de 2019

Benditas canas que a antaño me vuelven
y en estos años el cielo me otorgue,
mis tantas penas de amor las resuelven
los sueños locos que a diario me envuelven
así mi tiempo de vida amenorgue.

Radiantes canas de nieve impolutas
el fiel reflejo de todo lo pulcro
retratan sólo las penas enjutas
que solamente por ser diminutas
el eje son del apoyo su fulcro.

Benditas canas el cielo me otorga
mis tantas penas me envuelven a diario,
con sueños locos mi vida amenorga
alcanza el alma su tanto de porga
y yaga bien en su pulcro sudario.

208 La muerte y el diablo

noviembre 15 de 2019

La muerte venga cansada sin funda
así sin nada, sin traje ni hoz
a ver qué tanto se atreve y se inunda
de estos negros abismos, precoz.

Y venga el diablo chispeante en lujuria
tentando ansioso las almas de Dios
a ver conmigo cómo hace su furia
tocarme el alma que salta veloz.

Los dos acuden con cierto sigilo
a hurgar hambrientos de modo feroz
la muerte al cuerpo del cual está en vilo
el diablo al alma tras ella va en pos.

En este reto la vida está en juego
la muerte arrecia con fuerza en la voz
el diablo puja cansado y sin fuego,
los dos no ceden su asombro es atroz.

27

Galaico antiguo

Acentos en 5-10

Por el holgazán que nos desafía

ta - ta - ta - ta - **Ta** - ta - ta - ta - ta - **Ta** - ta

Por el hol ga **zán** que nos de sa **fí** a

209 Privilegio de tus caricias

agosto 21 de 2018

Cuando el corazón se me desajusta
por el privilegio de tus caricias
se me descompensa lo que me gusta.

Por lo que se mira como primicias
porque cuando juntos nos abrazamos
tan enajenados por las albricias.

En el escenario representamos
los encantamientos, frente a las damas
y si se acomodan las invitamos.

Porque te deslumbras es que las amas
desesperanzado y sin sentimiento
se te desvanecen entre las ramas.

210 Ángel de las bondades

marzo 8 de 2019

Con desilusión, quienes nos amamos
enorgullecerse nos significa
acondicionarnos, si recordamos
con la trascendencia que nos implica.

Con nuestros arcanos se nos indica
se marchitarán nuestras ilusiones,
se imaginarán lo que se complica
cuando en el asunto no hay precauciones.

Proliferarán nuestras oraciones
donde hay concordancia con las maldades,
porque arrepentidos de las acciones
nos encomendamos a las deidades.

Con respecto al ángel de las bondades
nos encomendamos a sus quehaceres
entre los principios de mis verdades
nos acomodamos con los placeres.

211 Actos reflejos

octubre 18 de 2019

Mientras desvanecen los sentimientos
se recapitulan sus intereses
extraordinarios por los intentos
para camuflar nuestros sufrimientos
en compartimientos de lobregueces.

No se encuentran nidos en los cipreses
ni entre limoneros ni cactus viejos,
donde emergen púas te desvaneces
aunque lo reintenten en n veces
por su condición son actos reflejos.

La complejidad de nuestros espejos
nos la proporciona nuestra Natura,
porque es sabia savia cuyos manejos
los tan exclusivos y tan complejos
son genio y figura hasta sepultura.

212 Referente

octubre 20 de 2019

Cuando se endurecen los corazones
se malinterpretan sinceramente
extraordinarias lucubraciones.

Identificable es para la mente
e inconfundible es para el cerebro
nuestra lasitud como referente.

Desencanecerse lo desvertebro
porque contradice a Madre Natura
y su desarmonía no la celebro.

porque independiente de la ventura
cuando se conozcan las realidades
se nos sustituye la conjetura

y desaparecen con las verdades
descongestionado de mentirismos
las incongruencias y las bondades.

213 Ensoñecedores argumentos

octubre 20 de 2019

Si ensoñecedores los argumentos
se desencadenan los desafíos
mientras aparecen con sus cimientos
y se desvanecen los sueños míos.

En cuanto a cimientos son como ríos
que entre los meandros se cristalizan
y en cualquier momento sedientos, fríos
en sus sedimentos se mimetizan.

Se desequilibran, se polarizan
y se desenturbian las aguas mansas
en cuanto a costumbre de izar, se izan
hacia media asta mientras avanzas.

Que desaparezcan las acechanzas,
si las amarguras son consecuencia
de incertidumbres, desesperanzas
reconciliación con la vida es ciencia.

214 El eterno otrora
noviembre 12 de 2019

Cuando se enloquecen los corazones
bajo la influencia de sentimientos
se nos recomienda bajar presiones
mientras se organizan las emociones
sin que se produzcan los aspavientos.

Mientras no produzcan resentimientos
donde comprometa la última hora
en cuanto naveguen los sentimientos
por entre las aguas de los tormentos
sobrevivirán al eterno otrora.

En tanto requinte la cantimplora
con su insipiencia en el contenido
me requintaré de lo que atesora
el encantamiento donde se mora
en la plenitud de lo bien-querido.

215 El ser mundano

noviembre 21 de 2019

Desesperanzada por acechanza
desapercibidas desilusiones
enorgulleciendo los corazones
desnaturalizase la esperanza.

Se desmoralizan si no hay templanza
cuando se amenazan las ilusiones,
en cuanto a las almas sufren presiones,
mientras en los cuerpos la muerte avanza.

Y se predisponen, se tornan mustias
entre los confines surgen angustias
que se intensifican e inducen miedo,

cuando se nos priva del ser mundano
entre los matices de nuestro arcano
con incertidumbre se salta al ruedo.

216 Eutanasia
diciembre 2 de 2019

Con la soledad en que me cautivo
desesperanzado les enfatizo
que mientras respire, mi compromiso
con radioterapia me lo suscribo.

Entre las penumbras donde percibo
que mientras me duermo me aterrorizo,
incomunicado les autorizo
la eutanasia es el paliativo.

Arrepentimiento por los pecados
con remordimientos por cometerlos,
reconocimiento de los pasados,

el sometimiento de padecerlos
mientras con la gracia de perdonados
significativo es el absolverlos.

28

Italiano puro

Acentos en 7-10

Porque en el itinerario lo alude

ta - ta - ta - ta - ta - ta - **Ta** - ta - ta - **Ta** - ta

Por queen el i ti ne **ra** rio loa **lu** de

217 Por despecho

agosto 22 de 2018

Como el acaramelado desisto
porque como somnoliento percibo,
por entre las estructuras resisto…

en el supermedioambiente en que vivo
dizque se me reacomodan las penas
porque mientras entre mí me desvivo…

por entre las megapuertas me apenas
cuando se me recomienda tu lecho
como para descansar de las nenas.

Cuando recapitulemos el hecho
donde se le satisfagan las cosas,
me desenmascararé por despecho.

218 Cuando el corazón envejece

enero 28 de 2019

Porque cuando el corazón envejece
entre la resignación enloquece
con la recomendación de un suspiro
por el desencantamiento del alma
se nos redesequilibra la calma
y el rejuvenecimiento lo admiro.

Pero su comportamiento lo veo
cuando se nos reconoce, lo creo
cuando nuestros corazones palpitan
para que se justifique un repele
porque la desesperanza nos duele
con la desesperación más se agitan.

219 Sexteto paralelo

enero 28 de 2019

Cuando en la imaginación se confía
nuestra desesperación y alegría
con sus acomodaciones es vano,
contra las genuflexiones no reza,
como si con agachar la cabeza
se nos desequilibrara lo insano.

220 Cuarteto

enero 28 de 2019

Por entre los arreboles te asomas
como por entre las flores abejas
porque de las jardineras te alejas
como si se rechazaran aromas.

Pero se reamotinan palomas
las que con desventuradas cornejas
que entre desvencijadas y viejas
entre las constelaciones son biomas

221 Serventesio

enero 28 de 2019

Cuando en la imaginación se vislumbran
porque se nos encomiendan estrellas
en nuestros corazones alumbran
como las constelaciones más bellas

222 Quinteto

enero 28 de 2019

Porque se nos asegura el futuro
cuando nos acomodamos en vida
ante las incertidumbres auguro
que en los empoderamientos es duro
cuando la magnificencia es manida.

223 Quinteto

enero 28 de 2019

Cuando nos encomendamos a Cristo,
como si se mantuviera de balde,
en cuanto a la devoción les insisto
que desde la realidad he previsto
como recomendación, deudas salde.

224 Atravesada maniobra

octubre 30 de 2019

Cuando se nos desvanezca la lumbre
que entre nuestras pupilas dormita,
entre lo que se te vuelve costumbre
y entre nuestro corazón se vislumbre
por sus desesperaciones se agita.

Porque la reminiscencia te incita
entre los que conservamos el juicio
para cuando definamos la cuita
en tanto se nos descubra permita
ante predeterminado prejuicio.

Para que les mantengamos oficio
ante tan atravesada maniobra
para que se reconcilien sin vicio
se les representarán al inicio
y se les rematarán si le sobra.

PROPUESTA

29

Cécico
(Sin clasificar)

Acentos en 3-7-10

Con el llanto se decantan los males

ta - ta - **Ta** - ta - ta - ta - **Ta** - ta - ta - **Ta** - ta

Con el **llan** to se de **can** tan los **ma** les

225 Flor de nácar*

Junio 3 de 2018

Flor de nácar que en vergeles perdura,
en su cáliz las fragancias son lastros,
en sus pétalos cargados hay rastros
de artilleros que bebieron cultura.

En tu cielo que embelesa y fulgura
desafiantes se iluminan camastros
donde yacen incrustados los astros,
allí suelen reventarse se augura.

Flor de nácar, te deshojas en versos
en el folio del poeta que sueña
sumergirse en sus ensueños diversos;

esparcirlos por el cielo es la enseña
para aquellos que al azar van inmersos
tras la musa quien es siempre la dueña.

*Soneto regresivo, antirrítmico de acento transverso, con acentos en 3 – 7 – 10. Este tipo de acentos no existe, fue creado expresamente para la musa colombiana María Cecilia Estrada Bedoya por el autor de la obra. (Cécico puro).

226 Razón de ser

febrero 16 de 2019

Con el tiempo se endurecen las venas
con el llanto se decantan dolores
con mi canto se conquistan amores
con el fuego se calcinan las penas.

Nos entrega con sus lumbres serenas
las estrellas rutilantes fulgores
que a la postre se revientan en flores
del erial en el que fueron cercenas.

Con las notas se construyen los cantos,
con los cantos se producen conciertos
desconcierto me lo causan espantos,

con el agua se vulneran desiertos
con desierto se proclaman los santos
y con lumbre se despiden los muertos.

227 En su lecho

agosto 25 de 2019

Reclinados en la cama postrera
esculcando por lo tanto en la sombra
la centella que en silencio te asombra
y la sombra que en silencio prefiera.

Pues la sombra que silente me espera
me recubra entre mi lecho la escombra,
me acomode entre la tumba la alfombra
para luego reposar como quiera.

Como, entonces, son durables y fieles
que me pongan en corona laureles,
los prefiero, por lo tanto, a las flores,

el laurel, que se coloca en la tumba
nos indica que muy dentro retumba
la corona que de glorias son loores.

228 Paraíso soñado

agosto 30 de 2019

Encomiéndole mi vida a la suerte
encomiéndole mi suerte a la vida
y en un mundo de aventuras se olvida
que encamino mi sendero a la muerte.

Regocijo no lo encuentro al quererte,
me encomiendo, por lo tanto, a la huida
en silencio me restaño la herida
que me hiciste cuando osé poseerte.

Me encamino por la senda discreto
sin hallar el regocijo indicado
que me cure las heridas que objeto,

me resigno ante la suerte cansado
de luchar como si fuera gran reto
encontrar el paraíso soñado.

30

Vicentélico pleno
(Sin clasificar)

Acentos en 2-3-5-8-10

La flor tiene el peso de cada gene

ta - **Ta** - **Ta** - ta - **Ta** - ta - ta - **Ta** - ta - ta - ta

La **flor tie** neel **pe** so de **ca** da **ge** ne

229 Soneto Vicentélico pleno*

julio 11 de 2018

Está el cielo lleno de lumbres bellas
que son luces híbridas de odio y celo,
de amor vibran plácidas en el cielo
de amor lloran frágiles las estrellas.

El sol deja sólo sus lindas huellas
que van, viajan todas en raudo vuelo,
tras un lampo vibra la Vicentelo
así brillan nítidas sus centellas.

Tu ser todo vívido luce enhiesto
aquí todo es cántico y bien dispuesto.
pues Dios todo espléndido lo hace eurítmico.

Te doy todo un verso con ritmo nuevo
a ti musa, bien lo mereces, pruebo
y ahí tengo todo un soneto rítmico.

*Vicentélico pleno con acentos en 2 – 3 – 5 – 8 – 10
No aparece en la tabla de endecasílabos, no existe, el autor lo creó para la poeta y declamadora María Beatriz Vicentelo Cayo.

230 Serventesios

noviembre 17 de 2019

Señor, tú que guardas y almas velas
mantén vivo todo lo que hoy presiento,
amor pleno hecho que dulce celas
tal vez celos de ángeles bien yo siento.

Mi bien, vivo siempre perdido, intento
hallar todo aquello que me ha servido
así sólo hallo tristeza y miento
si aquí, en mi pecho, de amor hay nido.

31

Vicentélico largo
(Sin clasificar)

Acentos en 2-5-8-10

Aprecia tan pronto las notas al tas

ta - **Ta** - ta - ta - **Ta** - ta - ta - **Ta** - ta - **Ta** - ta

A **pre** cia tan **pron** to las **no** tas **al** tas

231 Encanto lírico

Soneto vicentélico largo
julio 21 de 2018

Conoce primero el encanto lírico,
aprecia en seguida los temas básicos,
aprende de plano poemas clásicos
y luego descartas el ser empírico.

Procura en los versos no ser satírico
no importa te griten ¡Poetas liásicos!
no escriben, se nota que viven triásicos
y no evolucionan, se quedan víricos.

Levanta la frente, no seas trágico,
recita tus veros poeta mágico
son, todos, un canto que suena ecuánime,

conserva tu estilo que es siempre válido
aun pongas en tu alma un aspecto pálido
te yergues, en vida, aunque estés exánime.

232 Eterna calma

septiembre 24 de 2019

Consume rencores el alma mustia
nos calma dolores el cuerpo etéreo
propina esperanzas la misma angustia
si inhibe de sombra el espacio aéreo.

Se llena de voces el coro estéreo
del cielo que cubre de luz radiante,
panal que fabrica su mundo céreo
partiendo de esencias de flor distante.

Encántame siempre con luz cegante
no importa estar ciego si lumbre tienes
pecado te valga de amor infante
que bien lo guardamos allá en las sienes.

Palpítame, pues, corazón si vienes
cargado de buena lujuria, empalma
tu cuerpo feliz con el mío y bienes
y el mundo entre nos será eterna calma.

www.ingramcontent.com/pod-product-compliance
Lightning Source LLC
LaVergne TN
LVHW091024080826
845145LV00002B/349

* 9 7 8 1 6 7 8 1 1 2 9 1 2 *